チームメイトのクレイトン・カーショウが受賞者を発表した後、大谷は「ドジャースの一員として、チームを代表してもらった賞だと思っています」とメジャーリーグ専門チャンネル「MLB ネットワーク」で語った。

「もちろん、MVP を狙ってシーズンに臨んだわけではありません。新しいチームの一員として、ファンやチームメイトに自分を知ってもらい、認められたい思いでやっていました」

昨年の今頃に大谷が 2 度目の MVP を獲得したとき、その発表はシーズンオフの様々な憶測に包まれていた。

当時は FA になったばかりで、契約を希望する球団との面談はまだ始まっていなかった。将来がどうなるかは未知数だった。

それから 1 年。この木曜日には以前見られた光景も戻ってきていた。たとえば、受賞インタビューの通訳がマット・ヒダカ（2017 年にエンゼルス入団会見で大谷の通訳を務めた）であったこともそうだ。

大谷は、先の見えない状況に置かれていた昨年の今頃とは違い、2025 年ドジャースでマウンドに復帰し、先発ローテーションの一員として二刀流を再開することを楽しみにしている。

大谷がいつマウンドに復帰するかは不明だ。今シーズンは肘手術からの回復のため、打撃練習での打者への投球など、いくつかの課題を残してシーズンを終えた。

11 月、ワールドシリーズで痛めた肩の内視鏡手術を受けたことで、投球再開はさらに遅れる可能性が高い。母国日本で予定されているドジャースの開幕戦で登板する可能性も低いようだ。

「目標は、開幕までに打撃と投球の準備を整えることです。でも、もちろん時間をかけています。慎重に準備をして、万全の状態でマウンドに戻りたいと思います」

ドジャースが通常、腕の大手術から復帰する投手に対して行うように、大谷の投球量をどの程度厳しく制限するかも不明だ。

はっきりしているのは、来シーズン以降、大谷がドジャースにとって「様々な面」で主力としての働きをするだろうということだ。ドジャースは、大谷が昨年のような圧倒的な打撃力を発揮しつつ、投手不足のチームでピッチャーとしても活躍することを願っている。

大谷は、「来年は、サイ・ヤング賞をトロフィーケースに加えたいと思っているか」という質問を笑い飛ばすと、「今の目標は、まずは万全の状態でマウンドに復帰し、さらに強くなってパフォーマンスをみんなに見せることです」と語った。

記録破りの 10 年 7 億ドルの契約を結んだ昨年とは、状況がまったく違う。

今にして考えれば、これは双方にとって良い決断だった。

ドジャースのワールドシリーズ優勝（60 試合にゲーム数が制限されていた 2020 年以来、フルシーズンとしては 1988 年以来の優勝。通算 8 度目）に貢献する過程で、大谷はニューヨーク・メッツの遊撃手フランシスコ・リンドーア（2 位）やアリゾナ・ダイヤモンドバックスの二塁手ケテル・マルテ（3 位）を含む他のナ・リーグの MVP 候補を引き離した。

大谷は、MLB 史上 12 人目となる 3 回以上の MVP 受賞者になった（4 回以上受賞しているのは 7 回受賞のバリー・ボンズのみ）。

**ロサンゼルス・ドジャース**
**歴代 MVP 受賞者（ロサンゼルス移転後）**

| 選手名 | 受賞年 |
|---|---|
| モーリー・ウィルス | 1962 |
| サンディ・コーファックス | 1963 |
| スティーブ・ガービー | 1974 |
| カーク・ギブソン | 1988 |
| クレイトン・カーショウ | 2014 |
| コディ・ベリンジャー | 2019 |
| 大谷翔平 | 2024 |

ロサンゼルス・タイムズ

また、1961 年（シンシナティ・レッズ）と 1966 年（ボルチモア・オリオールズ）に受賞したフランク・ロビンソンに続き、ア・リーグとナ・リーグ両方で MVP を受賞した史上 2 人目の選手になった。ドジャース史上、同チームの選手が MVP を受賞したのは 13 回目。最後の受賞者は 2019 年のコディ・ベリンジャーだ。

ドジャースは、10 年契約の 2 年目を迎える大谷が、将来さらに多くの MVP を獲得し、チームをワールドシリーズ制覇に導くことを期待している。

投球のリハビリを除いて不安要素が少ないことは、大谷がいかに早くドジャースに馴染んだかを物語っている。

MVP という栄誉を獲得したのは今回が初めてではない。とはいえ、大谷の MLB キャリアの中で最も輝かしいシーズンに、この受賞が花を添えたのは間違いない。

「次の目標は、もう一度同じことをすることです」と大谷は語った。

Los Angeles Times

# OHTANI'S JOURNEY

# 大谷翔平 世界一への全軌跡

**The L.A. Times chronicles Shohei Ohtani's rise from a rural town in Japan to his record-breaking debut Dodgers season**

**表紙：**ドジャース入団前にどれほど優れた選手だと思われていたとしても、2024年シーズン、大谷翔平はその期待を超える活躍をした。マウンドに立つことはなかったが、先頭打者としてドジャース打線の中心を担った。9月22日のコロラド・ロッキーズ戦で打ったこのホームランは、今シーズン、大谷が放った54本のうちの1本にすぎない。
ROBERT GAUTHIER / ロサンゼルス・タイムズ

**裏表紙：**エンゼルスでの6シーズンで見せたピッチャーとしての大谷翔平。そのうち5シーズンに登板し、38勝19敗の成績を収めた。2025年以降、ドジャースで投手としてどんな活躍を見せてくれるのだろう？
ALLEN J. SCHABEN / ロサンゼルス・タイムズ


Originally published by Pediment Publishing, a division of The Pediment Group, Inc. • www.pediment.com
Printed in Canada.

Japanese translation rights arranged with Los Angeles Times Communications LLC through Japan UNI Agency, Inc., Tokyo

本書は『L.A. TIMES』の報道を基に制作しています。

Los Angeles Times B10

SPORTS

FRIDAY, SEPTEMBER 20, 2024 ■ LATIMES.COM/SPORTS

# 51-51!

In a victory that clinches a playoff berth for Dodgers, Ohtani belts three homers and steals two bases on a six-for-six day to become first member at highest level of club combining speed and power

MARTA LAVANDIER Associated Press

**THE DODGERS'** Shohei Ohtani screams out after hitting his 50th home run of the season in the seventh inning. He hit his 51st home run in the ninth inning.

By Jack Harris

MIAMI — From the moment his walk-off grand slam cleared the right-field wall at Dodger Stadium last month, giving Shohei Ohtani his 40th home run of the season on the same night he recorded his 40th stolen base, all the attention immediately turned to what could be next.

Five players in major league history had accomplished a 40-40 season before.

But 50-50? That unprecedented mark suddenly appeared within reach.

"The chase is on," manager Dave Roberts said then.

And on Thursday afternoon, on the day he experienced his first postseason clinch as a major league player, Ohtani crossed the finish line in awe-inspiring style during a 20-4 win over the Miami Marlins, reaching 50-50, then 51-51.

After entering the game with 48 home runs and 49 stolen bases, Ohtani had his biggest performance all season.

He stole two bases in the first two innings, picking up No. 50 after doubling in the first (then swiping third by avoiding a bad tag), then No. 51 after an RBI single in the second.

In the third, Ohtani appeared to have a potential cycle on his mind, getting thrown out at third trying to stretch a two-run double into a triple.

But then, he seemingly shifted his focus to 50-50 instead.

In the sixth inning, Ohtani found the second deck of loanDepot Park for the second time this week, whacking a two-run blast that tied Shawn Green's club record for home runs in a season at 49.

Then, in the top of the seventh inning, Ohtani reached baseball immortality, hitting a two-run home run to create a 50-50 club of one and give the Dodgers a 14-3 lead.

Ohtani capped his huge night with his third home run — a three-run blast in the ninth inning for his 51st, giving him 10 RBIs. He had six hits in six at-bats and fell just a triple short of the cycle.

And to cap it off, the Dodgers (91-62) clinched a postseason berth too — crossing off one of the few accomplishments Ohtani had yet to complete in the majors.

"I think he wants to be the best player that's ever played this game," Roberts said recently. "And one way to do that is to do something nobody has ever done."

Ohtani has been accomplishing the unthinkable since he arrived in the majors in 2018. He became MLB's first true two-way player since Babe Ruth a century earlier. He won rookie of the year and two most valuable player awards. He netted a record-breaking, albeit heavily deferred, $700-million contract to join the Dodgers this offseason.

This season, however, presented Ohtani a potentially once-in-a-lifetime opportunity.

After undergoing Tommy John surgery late last season, he hasn't been able to pitch all year. And while he has missed the mound, his singular focus as a designated hitter created possibilities that once seemed out of reach.

Ohtani had approached 50 home runs before, clubbing 46 of them in 2021 and 44 in just 135 games last year.

Fifty stolen bases, however, is a mark Ohtani might not have reached had he still been pitching. As a full-time two-way player, he never swiped more than 26 in a single MLB season, always pacing himself on the base paths to conserve energy (and protect his body) while starting games on the mound roughly once per week.

This spring, though, Ohtani's focus shifted. He worked with the Dodgers' player performance and strength and conditioning staff to improve his jumps and acceleration.

He dove into scouting reports with first base coach Clayton McCullough on opposing pitchers' timing and pick-off tendencies, coupling a cerebral component with his explosive raw foot speed.

"I don't think in years past, watching him, I don't think he was a great base stealer, I don't think he got great jumps," said Roberts, who once had a 49-steal season in the big leagues and swiped at least 40 bags three times. "But now when I watch him, especially from the third-base dugout at home, where I have a good visual of the pitcher and the runner, his jumps are on point."

And where does that come from?

"Preparation, repetitions, studying pitchers," Roberts said.

"I think he likes the challenge of studying pitchers, learning the tendencies," Roberts added. "I think that's something that intrigues him."

The power, of course, has been there too. Ohtani's 51 home runs are the most in the National League and trail only New York Yankees star Aaron Judge for the major league lead. Ohtani is the NL leader in slugging percentage, on-base-plus-slugging percentage and RBIs. And Thursday was his third multihomer game.

MEGAN BRIGGS Getty Images

**OHTANI STEALS** third base ahead of the tag by the Marlins' Connor Norby for his 50th stolen base of the season. The designated hitter is the first MLB player to reach 50-50 in a season.

**LONGEST MLB PLAYOFF STREAKS**

| 14 | 13 | 12 |
|---|---|---|
| Atlanta Braves | New York Yankees | Dodgers |
| 1991-1993; 1995-2005* | 1995-2007 | 2013-2024 |

* 1994 playoffs canceled because of strike

# Credits

## Los Angeles Times

**EXECUTIVE CHAIRMAN**
Dr. Patrick Soon-Shiong
エグゼクティブ・チェアマン／Dr. パトリック・スーン・シオン

**EXECUTIVE EDITOR**
Terry Tang
編集長／テリー・タン

**MANAGING EDITOR**
Hector Bacerra
編集主幹／ヘクター・バセラ

**EDITOR AT LARGE**
Scott Kraft
総合編集長／スコット・クラフト

**ASSISTANT MANAGING EDITOR, SPORTS**
Iliana Limón Romero
スポーツ担当副編集長／イリアナ・リモン・ロメロ

**DEPUTY SPORTS EDITOR**
Ed Guzman
スポーツ副編集長／エド・グスマン

**SENIOR SPORTS EDITOR**
Austin Knoblauch
シニア・スポーツ・エディター／オースティン・ノブロック

**ASSISTANT SPORTS EDITOR**
Houston Mitchell
スポーツ・アシスタント・エディター／ヒューストン・ミッチェル

**EXECUTIVE DIRECTOR OF PHOTOGRAPHY**
Kim Chapin
写真部門エグゼクティブディレクター／キム・チャピン

**PHOTO EDITOR**
Kelvin Kuo
フォトエディター／ケルビン・クオ

**OHTANI'S JOURNEY EDITOR**
John Cherwa
『OHTANI'S JOURNEY』編集者／ジョン・チェルワ

**EXECUTIVE VICE PRESIDENT OF BUSINESS DEVELOPMENT AND COMMERCE**
Lee Fentress
事業開発およびコマース部門エグゼクティブ・バイスプレジデント／リー・フェントレス

**DIRECTOR OF COMMERCE**
Samantha Smith
コマース・ディレクター／サマンサ・スミス

**COMMERCE COORDINATOR**
Kailen Locke
コマース・コーディネーター／カイレン・ロック

【日本語版制作】

| | |
|---|---|
| 翻訳 | 児島修 |
| ブックデザイン | 井上新八 |
| DTP | 株式会社キャップス |
| 翻訳協力 | 二木夢子、石垣賀子 |
| 編集協力 | 株式会社鷗来堂 |
| 編集 | 梅田直希（サンマーク出版） |

# Contents

LA
Dodgers

# シャンパン、ハグ、Tシャツ…大谷が「50-50」の偉業を達成

ジャック・ハリス　2024年9月20日

マイアミ――大谷翔平がメジャーリーグでの最高の夜を迎える前夜、ドジャースの一塁コーチ、クレイトン・マッカロー〔訳注：2025年よりマイアミ・マーリンズ監督〕がある予言をした。

大谷が50本塁打、50盗塁を目指す姿を一塁付近から見守ってきたマッカローは、これまでどんな選手も達成できなかった記録を追い求めるこのドジャースのスター選手に驚嘆していた。

「達成するだろうね」とマッカローは予言した。大谷にはあと2週間あり、十分な時間があると思えたからだ。その後でマッカローは、さらに大胆で、魅力的な見解を示した。

「しかも、おそらくまた同じ試合で一気に達成するだろう」

ドジャースはこうしたドラマチックな展開に慣れてしまっている。大谷は敵地トロントのアウェイな雰囲気の中でも、古巣エンゼルスとの初戦でも、自身のボブルヘッド（首振り）人形が入場者にプレゼントされる、大いに期待のかかるボブルヘッドデーでも、好成績を残していた。

オールスターゲームでもホームランを放った。サヨナラ満塁本塁打という記念すべき一打で、「40-40」クラブに加わった。

ドジャースのユニフォームを着ての初めての公式戦となった春季キャンプでのオープン戦でも、逆方向にホームランを放った。

「何か特別なことを期待すると、彼はそれを実現してくれる」と監督のデーブ・ロバーツは言う。「本当に不思議だ」

だが木曜日の午後遅く、空席も目立つローンデポ・パークの観客の前で繰り広げられた出来事は、人々の想像を超えていた――大谷本人ですら想像していなかったかもしれない。大谷はMLB初の1シーズン「50-50」を達成した。この前人未到のクラブの会員は、現時点で大谷ただ1人だ。

しかもこの偉業に、野球史上屈指の成績として記憶されるであろう、6打数6安打、3本塁打、2盗塁、10打点という見事な活躍で到達したのだ。

「信じられない」と三塁手のマックス・マンシーは言う。「まったく説明がつかない」と外野手のムーキー・ベッツも同調する。

「これは単に50-50を同じ試合で達成したという以上のことだ」とロサンゼルスの自宅で試合を観戦していたドジャースのGM（ゼネラルマネージャー）、ブランドン・ゴメスはテキストメッセージで述べた。「二度と起こらない、特別な夜のような気分だ」

・・・

それまで何週間にもわたって、大谷が打席に立つたびに、球場の記者席では質問が飛び交っていた。

ホームランを打つ？　盗塁を狙う？

木曜日の第1打席、彼はもう少しで先頭打者本塁打という、右中間フェンス直撃のライナー性の二塁打を放った。だが無死二塁からでは、盗塁は起こりそうになかった。

少なくとも、大谷以外の人にはそう思えた。「行けるなら積極的に狙おうという気持ちでした」と大谷は試合後に日本語で語っている。

大谷は積極的に攻めた。四球で出塁したフレディ・フリーマンと共に、ダブルスチールを敢行。フリーマンは無送球で二塁に到達したが、大谷は捕手のニック・フォーテスの鋭い送球に刺されたように見えた。

だが、マーリンズは新人のコナー・ノービーを三塁に置いていた。ノービーはプロとしてわずか28試合しかそのポジションでプレーしていない。ノービーはタッチしようと手を伸ばしたが、大谷はそのすぐ下をかいくぐって三塁に到達すると、腕を伸ばしてセーフのポーズを取った。

その後、犠牲フライでホームに生還した大谷は言った。「得点につながったという意味では、いい盗塁だったと思います」

これで50盗塁を達成。残るはホームラン2本だ。

・・・

もし大谷が3回に放った二塁打を三塁打にしようとして、敵の完璧な中継プレーでそれを阻止されていなかったら、「ここでホームランならサイクルヒット」という状況で6回の打席を迎えていたことになる。

大谷は初回に先頭打者二塁打と盗塁を記

**左ページ：**強い感情表現でも、その瞬間に成し遂げられた偉業の大きさを完全には表現しきれない。マイアミ・マーリンズ戦の7回、今季50本目となるホームランを打った大谷翔平。
MARTA LAVANDIER / AP通信

**上**：「50-50」の一方は、1回に大谷翔平がシーズン50個目の盗塁をしたときに達成された。その後、わずか数イニング後に、歴史的な偉業は達成される。
MARTA LAVANDIER / AP通信

**右ページ**：大谷翔平にはバットを浮かせる能力がある？ もちろん、持っていない。しかし、50本目のホームランを打った直後、彼はたしかにその方法を知っていた。
MARTA LAVANDIER / AP通信

録した後、2回には適時打（シングルヒット）を放ち、キャッチャーの送球なしで二塁への盗塁を決め、3回にはさらに大きな当たりを打って2打点（二塁打）を記録したが、三塁を狙ってアウトになった。

「サイクルヒットを狙っていたんだと思う」とロバーツ監督はニヤリとして言った。「問題ない。積極的なのはいいことだ」

この日の大谷にとって、これが唯一のミスだった。この試合、ここからナショナル・リーグのホームラン王は、50盗塁、50本塁打という2つの偉業を1試合で達成する「パワーパート」へと突入する。

6回の打席が、転機だったのかもしれない。おそらくこの試合、あと2回しか打席は回ってこない。この日に「50-50」を実現するには、この打席でホームランを打たなければならない。

右投手のジョージ・ソリアーノの投げた変化球が、甘いコースにすっぽ抜ける。大谷は内角のスライダーを力強く打ち返し、打球が右中間の最上階に向かって舞い上がるのを立ち止まって見つめた。

438フィート（約133.5メートル）の特大ホームラン。2001年にショーン・グリーンが樹立した球団記録に並ぶ49号だ。

次のイニングで、グリーンはこのリストの2番目に順位を下げることになる。

「ショーン、すまない」と、元ドジャースのチームメイトとして、2002年にミルウォーキーでグリーンが4本塁打を放った歴史的な試合を目撃したロバーツ監督は、試合後に冗談交じりに言った。「まったく、こんなことは見たことがないね」

・・・

前日・水曜日の夜、マイク・バウマンの「大谷攻略法」は成功していた。

ドジャースが8対4で勝利したこの試合、2アウトランナー二塁の場面で、バウマンは大谷に速球を2球投げて2ストライクを奪い、続いて地面すれすれのカーブで三振を奪った。この29歳の投手が2度のMVPに選ばれた大谷をアウトにしたのは、キャリア4度の対戦で初めてのことだった。

木曜の夜、7回表の再戦で、バウマンは同様の攻略法を試みる。彼が大谷への勝負を許されたのは、監督の指示のおかげだ。

この試合、ドジャースがすでに11対3でリードし、一塁は空いていた（2アウト、ランナー二三塁）。「50-50」への挑戦の最中ではあるが、大谷をここで敬遠しても正当化されていただろう。

しかし、マーリンズのスキップ・シューメーカー監督は腕を組んだまま、ベンチに向かって強い口調で自らの決断を伝えた。彼は試合後にその理由を説明した。

「あの場合、野球的に考えても、因果応報的に考えても、野球の神様的に考えても、彼を敬遠するのはよくないことだ。勝負を挑んで、アウトにできるか試すしかない」

反対側のベンチでは、ドジャースの関係者がシューメーカー監督の決断を評価していた。

「彼は、ファンやショウヘイから、その瞬間が起こる可能性を奪うことの意味を理解していた。敬意を表するしかないね」とロバーツ監督は語った。

・・・

大谷は毎打席しているように、三塁線の延長上の地面にバットを置き、後ろ足の位置を確認した。

1球目、カーブをファウルチップ。

大勢の観客たちは立ったまま、拍手と歓声を上げ、その瞬間をカメラに収めようとしている。大谷は表情を変えずに、投球の合間にバットをいじっている。

2球目、高めの速球。後ろへのファウル。

カウントは0-2。大谷はタイムを取り、ヘルメットを脱いで髪に指を通した。再び打席に立った大谷に、バウマンは決め球となるスピンを効かせたボールを準備していた。前夜と同様に、2ストライクから低めのカーブ。しかし今回は、大谷は手を出さなかった。

ワイルドピッチ。ドジャースに得点。

バウマンはひるむことなく、もう一度カーブを投げた。だが、このカーブは効きが弱かった。

甘く入って来た絶好のボールを、大谷のバットが思い切り叩いた。

50号ホームランは、逆方向へのスタンドに向かってロケットのように飛んでいった。打球の速度は109.7マイル（約176.5キロ）で、

Dodgers
GEICO
GEICO

LA
PAGES
44

飛距離は推定391フィート（約119.2メートル）。
「ファンと同じような気持ちでその様子を見ていたよ」とネクストバッターズサークルでその光景を目の当たりにしたムーキー・ベッツは語った。

ベースを回った大谷が、チームメイトから抱擁を受ける。テオスカー・ヘルナンデスからお決まりのひまわりの種のシャワーを浴び、観客からは大歓声が上がった。

「最高だった」とヘルナンデスはその雰囲気について語った。「観客の数以上の、すごい盛り上がりだった」

チームメイトにカーテンコールにこたえるよう促され、大谷はダグアウトの外に出た。次の打席のピッチクロックが切れる直前だった。

だが大谷が階段を上り、スタンドに向かって右手——来シーズンは再びピッチングがしたいと願っているその手——を振った瞬間、バウマンはマウンドを外してピッチクロックがカウントされないようにし、大谷にカーテンコールにこたえる時間を与えた。

球審のダン・イアソニャは、ピッチクロック違反を無効にする合図を出した。

「野球にとっては良い日だった」とシューメーカー監督は後に語った。「マーリンズにとっては悪い日だったけどね」

・・・

大谷が50本目のホームランを打った後、遊撃手のミゲル・ロハスは真っ先に大谷を出迎えた。

左足痛の治療のため2試合連続で欠場していたロハスは、ダグアウトで打球がフェンスを越えるのを見ながら、大谷のタフなシーズンを振り返っていた。

ロハスは、オフに7億ドルの契約を結んだ大谷が抱えるプレッシャーの大きさについて考えた。シーズン序盤の窃盗や賭博の騒動を思い出した。大谷の元通訳で親友だった水原一平が、違法とされるブックメーカーから負っていた借金を返済するため、大谷の銀行口座から約1700万ドル（約26億4000万円）を盗んだことが発覚したのだ。

ロハスは、バッティングケージでボールを打ち、盗塁の練習をし、投手に復帰するためのスローイングプログラムに取り組む大谷の姿を思い出した。それは、大谷が厳しく自分に課していたルーチンだった。

「誰もが知るように、彼にとってドジャースのユニフォームを着た初めてのシーズンは波乱に富んでいた」とロハスは言う。「それだけに、僕らチームメイトには、毎日彼のプレーを見ることに特別な思いがあったんだ」

この日には、もう1つの意味合いがあった。

大谷は昨年の9月19日、肘の靭帯を治すためにトミー・ジョン手術を受けたが、それによって今シーズンは投球ができず、打撃にも支障が出る恐れがあった。

それからちょうど1年後の2024年9月19日、大谷は内野手ながらマウンドに立ったビダル・ブルーハンから3本目のホームランを放ち、歴史的活躍を締めくくった。キャリア最高の1試合6安打を放ち、1試合10打点というドジャース記録を樹立したのだ。

「リハビリは楽しいことばかりではありません。前進するところもあれば、当然、後退するところもあります」と、この偶然の一致について尋ねられた大谷は答えた。「試合に影響が出ないようにできる限りのことをして、あとは気持ちを切り替える。バッターとしてプレーするときは、バッティングに完全に集中するようにしています」

“

**「間違いなく、**
**野球史上最高の試合だ」**

**ギャビン・ラックス内野手**

・・・

フィールド上でのインタビューを終えた大谷がクラブハウスに戻ると、サプライズが待ち受けていた。

記念の「50/50」Tシャツがチームメイトに配られた。スラッシュマークの片側でスライディングし、反対側でスイングする大谷の姿が描かれている。ヴーヴ・クリコのシャンパンが入ったグラスも回された。ドジャースにとって12年連続、大谷にとっては初のプレーオフ進出を決めたことを祝い、全員で乾杯した。

ロバーツ監督は今年も例年通り10月のプレーオフの出場権を獲得したチームを称えた。大谷も立ち上がって英語で短いスピーチをした。

「彼はチームメイトのサポートに心からの感謝を伝えていた。話したのはそれだけさ」とロバーツは笑いながら語った。「口数の少ない男だからね」

スタッフがロサンゼルス行きのチームのチャーター機に載せる荷物をクラブハウスから運び出す間、選手たちは報道陣も交えて、目撃したばかりの偉業について語り合った。

「間違いなく、野球史上最高の試合だ」と内野手のギャビン・ラックスは語った。「信じられない。リトルリーグでもあんなプレーをする選手を見たことがないよ。彼は最高レベルの舞台でそれをやっているんだ」

着替えを済ませた大谷は、ヘルナンデスや記者たちのいる輪に割り込んで、この外野手から9回に三塁打を打ってサイクルヒットを狙えとそそのかされたと冗談を言った。

「でも、彼はボールをスタンド上段に運んでしまった」ヘルナンデスは大谷の51号に触れた。「だから僕たちはもう友達じゃない」

ロバーツ監督は試合後の記者団との会話の中で、大谷が「60-60」に到達する可能性について冗談半分で尋ねられた。

「試合が続く限り、その可能性はあるよ」とロバーツは笑いながら言った。「今夜の彼は、まるで『15打点』みたいな勢いだった。あと9本、10本のホームランを打たないとは限らない」

1試合での目覚ましい活躍と、記録破りのレギュラーシーズンのおかげで、大谷とドジャースは十分な成果を手にした。

「大変なシーズンだったし、課題も多かった」とロバーツは語った。「だからこそ、今夜のような試合は、楽しまないといけない」

**左ページ：**50本目のホームランを打ってダグアウトに戻り、チームメイトたちと手を合わせる大谷翔平。MARTA LAVANDIER / AP通信

I SKIPPED MATH
TO WATCH
HISTORY!
OHTANI 50/50
GEICO
Dodgers
17
LA

# 確率は「フィフティー・フィフティー」ではない。大谷は満場一致でナ・リーグMVPになるべきだ

ビル・プラシュケ　2024年9月20日

彼に関しては、すべてが満場一致だ。

彼は野球史上最高の選手だ。野球史上最高の「1試合での打撃」を発揮した。ドジャース史上最高の「攻撃的なシーズン」を過ごしている。

そしてナショナル・リーグの最高の栄誉に関しては、議論の余地はない。

大谷翔平は満場一致でMVPに選ばれるべきだ。疑いの余地も、否定の余地もなく。そうでないと考える投票者がいたら、その資格を審査されるべきだろう。

大谷は木曜日の午後、マイアミでメジャーリーグ史上初となるシーズン50本塁打、50盗塁を達成し、栄光の瞬間を創り上げた。だが、重要なのはそれを達成したことだけではなく、その方法だった。彼はこの困難な挑戦を、感嘆符に変えてみせた。

1つひとつのスイングが注目される中で、彼はホームラン3本、2盗塁、10打点の大活躍を通して「50-50」を達成した。そう、6打数6安打の大当たりだ。同時にこれは、ドジャースが12年連続のプレーオフ出場を決めた勝利でもあった。

これがMVPの栄冠に値する瞬間でないのなら、何がそうなのだろうか？

指名打者はMVPになったことがないから、大谷もMVPに相応しくない、という声もある。普通の選手の半分のスキルしか求められないDHの選手は、MVPの対象にすべきでない、という批判もある。

たとえば、ボストン・レッドソックスのデビッド・オルティスは、2005年に47本塁打、148打点を記録したが、MVPは受賞していない。翌年は54本塁打、137打点を記録したが、やはりMVPを逃している。

彼には唯一の欠点があった。DHだったことだ。

2005年のシーズンでは、ニューヨーク・ヤンキースの三塁手アレックス・ロドリゲスが48本塁打、130打点でMVPを受賞した。翌シーズンはミネソタ・ツインズの一塁手ジャスティン・モルノーが34本塁打、130打点でMVPを受賞している。しかし、どちらもオルティスほどのインパクトはなかった。

歴史的に、MVPの投票者たちは打つだけの選手を軽く見てきた。今年も、特にニューヨークではそれが当てはまる。地元の人たちはメッツの遊撃手フランシスコ・リンドーアをMVPに推している。

たしかに、リンドーアは素晴らしい活躍を見せている。遊撃手としては過去5年で3人しか達成していない30本塁打、30盗塁を達成。守備面でも、リーグ最高の遊撃手と評価されている。そして、メッツをワイルドカードでのプレーオフ出場へと導いた。

素晴らしいシーズンだった……だが、本当にMVPに相応しいだろうか？

大谷は、野球史上誰も成し遂げたことのない、今後も誰も成し遂げられないであろう偉業を成し遂げた。強力なパワーとスプリントの技術を組み合わせ、野球界にこれまで存在したことのないタイプの、完璧な打者をつくり上げたのだ。

彼は、「指名打者（designated hitter）」という意味のDHではない。相手チームにとっての、「指名された厄介者（designated hell-raiser）」という意味なのだ。

「信じられないよ」とドジャースの内野手マックス・マンシーは、マイアミのローンデポ・パークで行われた対マーリンズ戦に20対4で勝利した後、大谷のこの日の大活躍ぶりについて記者団に語った。

同じくチームメイトのムーキー・ベッツは、笑うことしかできなかった。

「つまり……面白いんだ。凄すぎるから」と彼は言う。「言葉では言い表せないよ。ただ座って、見るのを楽しむだけさ」

ミゲル・ロハスも同じように感じているが、ベッツとは逆の反応をした。

「正直、泣きそうになったよ。毎日、舞台裏で起きていることを目の当たりにしてきたからね。いろんな感情が込み上げてきた。素晴らしい瞬間だった」

チームメイトが笑っていいのか泣いていいのかわからないほどの最高の活躍を見せた夏——それがMVPに相応しいシーズンだ。

正直に告白すると、私は50号ホームランの瞬間を見ていなかった。そのとき、テレビをつけていなかったのだ。大谷は1回に通算50個目の盗塁を決め、6回には49号ホームランを放ち、ドジャースは9対3でリードしていた。私は彼が今週末のドジャー・スタジアムまで歴史的なホームランを取っておく

**左ページ：**偉業達成の瞬間に観客席でよく見かける、キャッチーなプラカード。「I SKIPPED MATH TO WATCH HISTORY! OHTANI 50/50（歴史を見るために数学をサボった）」と書かれたこのプラカードは、大谷翔平が50本目のホームランを打った直後にファンが掲げていたものだ。「50-50」という数字と、その記録に到達した最初の人物であるという歴史がうまく組み合わされている。WILFREDO LEE / AP通信

**右：**大谷翔平が 50 本目の本塁打を放った写真ではない。マイアミ・マーリンズ戦の 9 回、今シーズン 51 本目のホームランの瞬間をとらえたものだ。
MARTA LAVANDIER / AP通信

だろうと思った。少なくとも、マーリンズは大谷との勝負を避けるはずだった。そうではないだろうか？

だから私はテレビを消した。その直後、携帯電話が鳴り響いた。私は大谷翔平という、「毎日のように奇跡を起こしていくスポーツ選手を追いかける」という幸運に恵まれた記者が従うべき、第一のルールを思い出した。

“決してその選手から目を離してはいけない”だ。

大谷は 7 回、50 号となる、その高度な技術に誰もが畏敬の念を抱くような逆方向へのホームランを放った。

「自分が歴史の瀬戸際にいるとわかっているあの難しい状況で、外角のカーブを無理して引っ張らずに左中間方向に打って、時速 111 マイル（約 179 キロ）で打球をスタンドに運んだんだ。本当に信じられないよ」とマンシーは語った。

大谷は今シーズン、目覚ましい活躍をしてきた。春のオープン戦では初戦でホームランを放ち、サヨナラ満塁ホームランで「40-40」クラブ入りを果たし、愛犬のデコイ（デコピン）が始球式に登場した自らのボブルヘッドデーでもホームランを打ってみせた。

最大の期待とプレッシャーに包まれながら、重要な瞬間でことごとく成功を収めてきた。

注目度が高まるにつれ、ドジャースは報道陣が全員入れるようにするために記者席の配置を換えなければならなかった。大谷は、長

**左：**50号ホームランを打った大谷は、地面に足をつける必要すらなかったのだろうか？　もちろん、ベースを回る間、空中を歩いていたわけではない。彼は「超人的」だが、それにも限界がある。しかし、続く51号を放った際、あまりの異次元ぶりに実況は「This is not real life. He is not human!」（これは現実ではない。彼は人間ではない！）と叫んだ。
MARTA LAVANDIER / AP通信

年通訳を務めた水原一平による1700万ドルの盗難にも、自分の一挙手一投足が大きな騒動を引き起こすという状況にも対処しなければならなかった。彼のボブルヘッドデーでさえ、試合前に大きな交通渋滞を引き起こし、チームメイトの足を引っ張る事態になった。

彼はこれまでたくさんのことに対処してきた。そして今も、様々なチャレンジに取り組み続けている。

「どうしてこんなことが起きるのかがわからない。実に不思議だ」とデーブ・ロバーツ監督は言う。「たしかに、我々は彼には何か特別なことをして欲しいと願っていたし、彼はそれを期待されていた。そして、彼は本当にそれをやってのけた。不思議な感覚だよ」

怪我と不運に満ちたシーズンだったが、グラブをはめていなくても、大谷はそのスイングと精神力でチームを牽引してきた。

彼がいなければ、ドジャースは地区優勝できないだろう。プレーオフにすら進出できなかったかもしれない。3試合欠場したが、出場した150数試合で大活躍し、最も期待の高かった予想さえも上回る結果を出した。

金曜日に大谷をホームに迎え入れるときに歌うチャントを探していたドジャース・ファンは、今やそれを見つけている。それは、この都市で最も優秀で、最も愛される選手だけのために用意されたチャントだ。かつて、NBAのコービー・ブライアントが聞いたチャントでもある。今、大谷翔平がそれを聞くことになるだろう。

それはフィフティー・フィフティーではない。100%の大声でのチャントだ。

「M-V-P！　M-V-P！　M-V-P！」

LA
Dodgers

# ショーン・グリーン、球団記録を更新した大谷を「史上最高」と絶賛

マイク・ディジョヴァンナ　2024年9月19日

ショーン・グリーンが大学1年生の末娘を車でスタンフォード大学に送り届け、オレンジ・カウンティに帰る途中、携帯電話に大量のメールが届き始めた。

「着信音が鳴りっぱなしだったよ」と元ドジャースの強打者は言った。「何が起きたかは想像できた」

2001年、グリーンは49本塁打というドジャースの球団記録を樹立した。木曜の午後、彼の車が南カリフォルニア盆地に近づいたとき、大谷翔平が右中間への2点ホームランを放ってこの記録に並んだ。ローンデポ・パークでのマイアミ・マーリンズ戦、ドジャースが20対4で勝利してプレーオフ進出を決めることになる試合の6回表のことだった。

グリーンがニューポートビーチにある自宅のガレージに到着するまでに、大谷は7回にレフトへの2点ホームランとなる50号を、9回にはライトスタンド上段に届く440フィート（約134.1メートル）の特大スリーランとなる51号を放っていた。

大谷は50盗塁と51盗塁を記録し、メジャーリーグ史上初めて1シーズンで50本塁打、50盗塁を達成した選手となったこの試合で、6安打、3本塁打、2二塁打、10打点、17塁打という大車輪の活躍を見せた。

大谷が記録を破るのをリアルタイムで目撃できなかった51歳のグリーンは、帰宅後、試合のハイライトを見るためにテレビをつけた。

「記録を破られるなら、偉大な選手に破られたいものさ。そして、彼は史上最高の選手だ」グリーンは、肘の手術から回復する間、打撃に専念している二刀流のスター、大谷について語った。「このような歴史に残る形で記録が破られたのも、素晴らしいことだと思う」

「50-50は、ドジャースという枠を超えた、メジャーリーグ史上前例のない偉業だ。彼がこれまでのキャリアを通じてどれほど素晴らしい成績を残してきたかは、形容する言葉がないほどだ。特に、ドジャース移籍後の最初のシーズン、大きなプレッシャーがかかる中で彼がやってのけたことは、まさに驚異的だ」

そう語るグリーン自身、マーリンズを撃破したときに大谷が示したような、圧倒的な強さを体現した、数少ないメジャーリーガーだ。

2002年5月23日ミラー・パークでのミルウォーキー・ブルワーズ戦で、左打者のグリーンは、4本塁打、1二塁打、1単打を放ち、メジャーリーグ記録となる19塁打を達成。7打点を挙げて、ドジャースを16対3の大勝に導いた。

大谷の1回の二塁打は右中間フェンスを直撃したが、打球があと数メートル高かったら、4本塁打、19塁打のグリーンの成績に並んでいたことになる。

「とんでもない試合だった」とグリーンは言った。「だが、彼なら驚かないよ」

2002年に選手としてドジャースのセンターを守っていたデーブ・ロバーツ監督は、この日の大谷のような活躍に前例はあるか尋ねられ、グリーンが怪物のように大暴れしたあのゲームのことを思い出した。

「ショーン・グリーンが6打数6安打、4本塁打を打ったのを見たよ」とロバーツは語った。「でも、（大谷によって）成し遂げられた偉業の大きさを目の当たりにしてしまうとね。それに皮肉にも、（大谷は）このゲームでショーンのドジャース記録を破っている。ショーンには申し訳ないが、やはり今日の彼のような活躍には前例がなかったと思う」

つまり、あの日のグリーンより、今日の大谷のほうが良かったのだろうか？

「それは他の誰かに聞いてほしい」グリーンは言う。「そういうことを議論するスポーツ番組の人たちにうってつけの質問だよ。私が自分でとやかく言うことじゃない」

グリーンは、エンゼルスで2021年に46本、2023年に44本のホームランを放ち、各シーズンでアメリカン・リーグのMVPに輝いた大谷に自身の本塁打記録が破られたことに、驚いていなかった。

「一番驚いたのは盗塁だよ。私は35盗塁した年もあったが（1998年にトロント・ブルージェイズで）、本当に大変だった。私は大谷と同じ身長（6フィート4インチ/約193センチ）だが、普通、盗塁が得意なのは、リッキー・ヘンダーソンやビンス・コールマン、モーリー・ウィルスのように、小柄で素早く第一歩を踏み出せる選手だ。大谷のような大柄な選手が盗塁を50回以上も試みるのは、体に大きな負担がかかるものなんだ。走った直

**左ページ：**50本目のホームランと50個目の盗塁を達成した瞬間、大谷はその価値の大きさをどこまで理解していたのだろう。それはメジャーリーグ史上初めての偉業だった。
MARTA LAVANDIER / AP通信

右：50号ホームランは、大谷翔平が6安打、3本塁打、2二塁打、10打点、17塁打という驚異的な活躍をし、ドジャースがマーリンズに20対4と圧勝したこの試合のワンシーンにすぎなかった。
WILFREDO LEE / AP通信

後にボールがファウルになった回数も含めれば、それ以上走ったことになる。盗塁をするには毎日念入りなランニング練習やウォームアップが必要で、シーズン全体を通してそれを続けると体に相当の負担になる」

大谷はこの試合終了時点で打率.294、OPS1.005、二塁打34本、三塁打7本、打点120、得点123、本塁打51本、盗塁51という成績だったが、グリーンが同じくらい注目すべき数字だと考えているのは、4回しか盗塁を失敗していないことだ。

「これはすごいことだよ」とグリーンは言う。「大谷は相手バッテリーの意表をついて走っているわけじゃない。50-50を狙っているのは誰もが知っている。だから当然、彼が塁に出れば盗塁を警戒されるし、打席に立てばホームランを警戒される。相手チームがそんなふうに神経質に対策を講じてくる中で、これだけの偉業を達成できるのは、信じられないことだ」

大谷は8月23日のタンパベイ・レイズ戦でサヨナラ満塁ホームランを放ち、史上最速で「40-40」に到達した。そして、同じように劇的な形で「50-50」に到達した。金曜日の時点で、残すレギュラーシーズンは「9試合」。

「彼は、誰もが信じられないことをやっている。もしかしたら、“60-60”を達成するかもしれない」とグリーンは語った。「絶対に見逃せないね」

左：2001年、コロラド・ロッキーズ戦で3ランホームランを放つショーン・グリーン。グリーンはこのシーズンに49本塁打を放ち、本塁打数のドジャース球団記録を樹立した。
LORI SHEPLER / ロサンゼルス・タイムズ

北海道新聞
NISHIKAWA
7
OKA

**BEFORE THE LEGEND** 伝説前夜

# 日本の大谷翔平は、メジャーでも「二重の脅威＝二刀流」になり得る

ディラン・ヘルナンデス　2017年9月29日

札幌、日本。野球チームで一番優秀な選手が、4番打者と投手を務める。リトルリーグでも、高校野球でもなく、国内最高レベルの「プロ野球」のチームで。

大谷翔平には、野球というスポーツそのものを変えるほどの並外れた才能がある。実際に、彼は日本でそれを成し遂げた。しかも、国内で最も人気のあるスポーツ選手として大きな注目やプレッシャーにさらされつつ、少年野球をプレーする子どものような純真さを保ちながら。メジャーリーグでも、同じことを成し遂げるかもしれない。

彼は体格に恵まれた選手だ。身長6フィート4インチ（約193センチ）、体重215ポンド（約97.5キロ）。だが23歳のその体つきは、彼の前に背番号11を背負っていた日本ハムファイターズの投手、ドジャース（当時所属）のダルビッシュ有に比べると細身だ。

大谷は、その大柄な体格としては異例なほど優雅な投球フォームをしている。ダルビッシュと同様、ほぼ常にセットポジションから投げ始め、力むことなく、右手から爆発的にボールを放つ。昨シーズンには、日本プロ野球史上最速となる時速102.5マイル（165キロ）の速球を投げている。

同じく滑らかでダイナミックなのが左打者としてのスイングで、500フィート（約152.4メートル）以上のホームランを何本も打っている。前足を高く上げ、背番号がピッチャーに見えるくらいに背中を向け、体重を前方に移動させながらアッパー気味にバットをストライクゾーンめがけて振っていく。

この技術は、日本の多くのコンタクトヒッターと似ている。だがこの国のコンタクトヒッターに、昨年11月に日本代表の一員として大谷がオランダ戦で見せたような、東京ドームの天井の隙間に吸い込まれるほどボールを高く打ち上げる者はいない。もし彼がドジャー・スタジアムで同じようなボールを打っていたら、ボールは右翼のパビリオンを越えて、駐車場に落下していただろう。

大谷は走るのも得意だ。メジャーリーグのスカウトによれば、バッターボックスから一塁までをわずか3.8秒で走る。これはメジャーで最速の2人、ビリー・ハミルトン（シンシナティ・レッズ）、ディー・ゴードン（マーリンズ）と同じ速さだ。

大谷とよく比較される伝説の選手ベーブ・ルースは当時、殿堂入り級の投手であり、打者だった。けれどもルースがバッターボックスから一塁までを3.8秒で走ることはなかっただろう。

メジャーリーグのチームは、スカウトが選手について公に意見を述べることを許可していないが、最近彼を観察したあるスカウトは「まさに特殊な能力がある」と語っている。

たしかに彼は特殊だ。そして、特殊なのは能力だけではない。

・・・

大谷が生まれた岩手県奥州市は、温泉地や国定公園、高級牛肉を生産する畜産業で知られる。東京から電車で約3時間のこの地域は、まるで別の惑星のように感じられる町だ。

一帯は見渡す限り広々としていて、延々と田んぼが続いている。狭い道路にはほとんど人通りがない。あちこちに小さな家々から成る集落があり、数キロ間隔で煙が立ち上っているのが見える。

この時季には青々とした緑が生い茂っているが、冬になれば一面の雪景色になる。この地域から野球のスター選手があまり生まれないのはそのためだろう。

「雪が多いので――」同じく岩手県出身で埼玉西武ライオンズの左腕投手・菊池雄星は言う。「走ることも投げることもできません」

大谷は3人きょうだいの末っ子だ。地元の自動車ボディメーカーで働いていた父親は、日本の実業団リーグでプレーしていた社会人野球の選手だった。母親は、高校時代にバドミントン選手として全国大会に出場している。家族は、この地域によくある2階建ての家に住んでいた。

大谷は、日本で言う「野球少年」だった。つまり、食べ、息をするのと同じくらい、野球に熱中し、野球を生きている少年だ。

父親の指導を受け、大谷は幼い頃から野

**左ページ：**まるでテーザー銃で撃たれたみたいな顔をしている大谷翔平。2016年に札幌ドームで行われた日本シリーズ第3戦、サヨナラヒットを放ち、ファイターズのチームメイトたちから祝福される。
AP通信（共同通信経由）

**上**:2013年に日本ハムファイターズに入団した大谷翔平は、日本代表でプレーしていたとき、東京ドームの天井に届く打球を打ったことがある。
AP通信（共同通信経由）

球の才能を発揮した。中学1年生のときには、6イニング制の地区大会で、18個のアウトを1つを除いてすべて三振で奪うという記録をつくっている。

日本で最も称賛されるスポーツ選手となり名声や富を得た今も、大谷は変わらず、温かい笑顔を持つ魅力的な田舎の「野球少年」のイメージを保っている。

礼儀正しく、物腰が柔らかい。会う人を見下ろすほど長身で、肩幅も広いが、少年のような顔立ちのため、実年齢よりも若く見える。もし野球以外に何か趣味（ビデオゲームを除いて）があるとしても、それは厳重に守られた秘密のままだ。

野球をしていないときは何をして過ごしているのか尋ねられると、彼は少し間を置いて、「トレーニングをしています」と答えた。

大谷に近い人たちによれば、それは冗談ではないという。同球団の畑中久司広報担当は、大谷はプロ5年目だが、ファイターズの寮に住み続けていると語った。

大谷は運転免許すら持っていない。ハンサムで女性からの人気も高いが、容赦のなさで悪名高い日本のタブロイド紙も彼の恋愛ネタを見つけられていない。

「他の選手なら、すぐにでも球団の寮を出て1人暮らしを始め、ガールフレンドを招きたいと思うでしょう」と、大谷の高校時代の恩師で、今も信頼できる相談相手であり、親友でもある佐々木洋監督は言う。「でも、彼はそんなタイプではありません。外食したり飲みに行ったりもしません。練習できる場所の近くで生活したいのです」

大谷は、ファイターズから受け取る年俸240万ドル〔訳注：2017年の年俸は2億7000万円〕を含め、自分のお金の管理を両親に任せている。母親は、金銭感覚を養ってほしいと、毎月約1000ドル（約10万円）を大谷の銀行口座に振り込んでいる。

「しかし、彼はそのお金にもほとんど手をつけないのです」と佐々木監督は言う。

この金銭に対する無頓着さが、ドジャースを含むMLB球団が大谷の今冬のメジャー移籍を予想する理由にもなっている。

ファイターズの吉村浩GMは、本人が希望すればメジャーリーグ球団への移籍を容認するつもりだと語った。大谷と契約する球団は、ファイターズに譲渡金を支払わなければならない。現在のMLBとNPBの契約では、その額の上限は2000万ドル〔訳注：当時約22億4000万円〕。

移籍すれば、大谷の年俸は下がることになる。メジャーリーグの国際選手の獲得ガイドラインによれば、チームが大谷に支給できる最高額（契約金・年棒込みで）は475万〜575万ドルの間だ（25歳ルール）。しかし、ドジャースは現在、獲得した選手に30万ドルしか支給できない。MLBから、過去数年間で国際選手の獲得に使った総額に対するペナルティを科されているからだ。その対象になっているチームは、ドジャースを含めて12チーム。大谷が標準的なマイナーリーグ契約を結び、メジャーリーグのロースター（登録選手）入りすれば、メジャーリーグの最低年俸である54万5000ドルは稼げるようになる。

しかし、25歳になるまであと2年待てば、大谷は期間や金額を自由に選んで契約できる。その場合、大谷は約2億ドルを稼げると予測するメジャーリーグの関係者もいる。

・・・

佐々木監督は、自身が野球部の監督を務める花巻東高校の一室の窓から外を眺めた。岩手の郊外なら、2億ドルでどのくらいの広さの土地が買えるかと尋ねると、彼は同校の土のグラウンドの向こうにある森に覆われた山々と田んぼを指差して言った。

「おそらく、あなたが目にしているものすべてよりも広いでしょう」

彼は下を向き、教え子との最近の会話を思い出して笑った。「彼に言ったんです。『君は私が一生かけて稼ぐ額の200倍も稼げるよ』って」

佐々木監督は、お金とチャンスについて、大谷と腹を割って話し合わなければならないと感じたという。「夢は大切だ」と佐々木監督は大谷に言った。「でも君は、現実の世界に生きているんだ」

彼は、大谷の将来のお金のことを考えて、あと2年間日本に留まるべきだと告げた。メジャーリーグで負傷した数々の日本人選手のことや、シーズンの大半を欠場したり、手術が必要になったりする可能性のある足首の怪我、アメリカのマウンドがいかに硬く、それが足にどう影響するかなどについても話した。そして、メジャーリーグで成功しない可能性についても。「金がすべてじゃない。でも2年後には、もらえる報酬の額は桁違いになる。待ってみてはどうか」と監督は教え子に言った。

大谷は熱心に、真剣に話を聞いていた。そして、自分が話す番になると、「それでも行きたいです」と言った。

佐々木監督は、このときの会話を思い出して微笑み、首を振った。

「彼らしい。昔からちっとも変わってない」

・・・

大谷は控えめで、恥ずかしがり屋ですらある。それでも、彼の写真は街のあちこちで見られる。電車の車内からデパートのショーウインドーまで、あらゆる場所に彼が写った広告が掲示されている。だから、野球ファン以外にもその存在が知られている。

彼が今季限りで日本を離れ、メジャーリーグでプレーすると決意していると複数のメディアが報じると、大きなニュースになった。報道は匿名の情報源を引用していた。

その2日前、大谷は来年どこでプレーしたいかと聞かれ、「今はまだ考えていません」と答えた。「シーズンが終わるまでベストを尽くすことだけを考えています」

9月中旬の水曜日の試合は、NPBのパ・リーグの、5位のファイターズと千葉ロッテマリーンズの対戦。ファイターズ番の20人ほどの記者は、札幌ドームのメディアセクションから試合を見るのではなく、選手の駐車場近くのロビーに張り込んでいた。

日本では、その日に登板予定のない先発投手は球場にいなくてもいい。大谷は、この試合では打席に立つ予定もなかった。だから報道陣は、試合が終わる前に大谷が外に出てくるのを待った。予想通り、試合開始から数時間後、彼が現れた。大混乱が起きた。大谷は頭を下げたまま駐車場に向かい、記者たちが後ろを全速力で追いかける。カメラのフラッシュが、暗がりを明るく照らした。

**上：**大谷翔平はまだドジャースで投げていない（エンゼルスでは投げていた）が、日本ハムファイターズ時代の思い出は残っている。2016年の札幌でのソフトバンク・ホークス戦で165キロの速球を投げ、球場のオーロラビジョンにその数字が派手に表示された。
AP通信（共同通信経由）

大谷は白い車の助手席に滑り込み、夜の闇の中へと走り去った。

一番近くにいた記者たちは、彼が「すみません」と言うのを聞いた。これは文脈によって「ごめんなさい」または「失礼します」を意味する日本語だ。大谷はコメントができないことを申し訳なく思っていた？　それとも、車に乗るために記者たちに道を空けるように頼んでいたのか？　誰にもわからないし、誰も気にしていなかった。重要なのは、彼が何かを言ったということだ。

その「すみません」という一言は、その後の数時間、日本中で報道され続けた。

・・・

全国高等学校野球選手権大会は、スターを生み出す大会だ。アメリカで言えば、大学バスケットボールの全国大会であるNCAA男子バスケットボールトーナメント、通称「マーチ・マッドネス」に相当する国民的な大会だ。強豪校は全国から優秀な選手を集め、大会で活躍した選手は全国的に有名になる。

大谷は、大阪や横浜のような大都市の強豪校に進むこともできた。だが、地元に留まり、自宅から約20マイル（約32.2キロ）離れた場所にある、花巻市の花巻東高校を選んだ。同学校の野球部は岩手県出身の選手だけで構成され、埼玉西武ライオンズの左腕投手・菊池雄星の出身校として全国的にその名を知られている。

「地元に愛されるチームになりたいんです」

**上：**ドジャースでも、大谷のこんな写真が見られるかもしれない。真ん中にいるのは、もちろんこの本の主役。左は森本龍弥、右は宇佐美塁大。この写真は、2013年の日本ハムファイターズの春季キャンプ中に撮影された。
AP通信（共同通信経由）

と、前述した同校野球部の佐々木監督は言う。
「目標は、県出身者だけで日本一になること」
大谷は1年生のときから、守備ではライト、攻撃ではクリーンナップを担って試合に出場した。1年生の秋にはマウンドに上がり、時速90マイル（約144.8キロ）の速球を投げるようになった。
「まだ筋肉が発達していなかったのに、あんな球を投げられたんです」と佐々木監督は言う。大谷は父親から、速い球を投げるための効果的な体の使い方を教わっていた。
佐々木監督は、大谷にご飯をどんぶり何杯も食べさせ、他の選手が手をつけなかったおかずも食べさせた。「彼は、満腹でもう一口も入らなくなるまで食べていました」
成長期に伴う左股関節の怪我のために高校2年のシーズンは満足に投球できなかったが、3年時には時速99マイル（約159.3キロ）を記録し、全国的な話題となった。
彼は、後々役に立つ教訓も学んだ。
花巻東の野球部の選手たちは校内の寮に住み、年に6日だけしか実家に帰らない合宿生活を送る。佐々木監督は選手たちに寮生活での役割を与えている。ピッチャーの仕事は「トイレ掃除」だ。
ピッチャーが寮のトイレ掃除をするのは同校野球部の伝統だ。それには理由がある。
「マウンドはフィールド上で最も高い場所です」と佐々木監督は言う。
「そこは舞台と同じです。舞台に立てば、一番の注目を浴びます。誰よりも多くインタビューされ、記事にもなる」
だからこそ、監督は投手たちにトイレ掃除をさせることで謙虚さを教えたかったのだ。だが、この役割にはそれ以上の象徴的な意味合いもある。
「良いデパートのトイレはとても綺麗です。良いホテルでも、トイレは重要です」と佐々木監督は言う。「トイレを見れば、その場所の価値、そこにいる人たちがどんな気持ちで仕事に取り組んでいるかがよくわかります。マウンドがグラウンドで最も重要な場所であるのと同じように、トイレはその施設で最も重要な場所なのです。アメリカとは、少し考え方が違うかもしれないですね」

・・・

もし大谷が高校卒業後に海外に挑戦するという当初の計画を貫いていたら、今頃MLBナショナル・リーグのプレーオフに向けて準備をしていた可能性もある。
MLBチームの多くから興味を示された中、彼はドジャースとの契約を考えていた。
「確実に契約したとは言えませんが、そうなっていた可能性は高いと思います」と彼は語る。
当時のドジャースの日本担当スカウトで、現在はアリゾナ・ダイヤモンドバックスの顧問を務める小島圭市は、花巻東の練習に毎日のように通い、大谷の信頼を得ていた。
当時の大谷が抱えていたジレンマは、現在のものとよく似ている。MLBチームがアマチュア選手に支払える金額に、新たな制限が設けられたのだ。ドジャースが彼に提示できる最高額は約100万ドルで、NPBチームが提示できる額よりも少なかった。
佐々木監督は、大谷が「それでもメジャーに行きたいです」と言ったことを覚えている。
その理由の1つは、メジャーの球団からは投手と見なされていたことだ。日本の球団からは、打者として期待されていた。
ファイターズは大谷からの「自分を指名しないように」というNPB球団への要望を無視し、「投手と打者を両方する」という案を提示した。
大谷はこの提案に賛成した。「彼は特別なプランが必要な、特別な選手でした」とファイターズの吉村GMは語った。
「MLBの球団と契約していたら、どんなキャリアになっていたと思う？」と尋ねられると、大谷は「わからないです。日本でしかプレーしたことがないので、何とも言えません」と答えた。
大谷に打撃をあきらめるよう勧めていた者として、佐々木監督はファイターズのアプローチに感謝している。「私たちは、“大谷は二刀流だからすごい”と言うべきではないのかもしれません。メジャーリーグにも日本にも、二刀流ができたのに、どちらか1つを選ぶことを強いられた選手がいたかもしれないからです」
プロ入り後、大谷は打者としてよりも投手として早く成長した。プロ2年目には11勝4敗、防御率2.61を記録。翌2015年は15

勝5敗、防御率2.24だった。4年目の2016年シーズン、ピッチャーとしてすでに地位を確立していた大谷は打撃に力を入れ、大躍進を遂げた。104試合（指名打者で80試合）に出場し、打率.322、22本塁打、67打点と活躍。ファイターズが日本シリーズで優勝したこの年、投手としても10勝4敗、防御率1.86を記録、パシフィック・リーグのMVPに輝いた。

迎えた2017年の今シーズン、怪我のため投手としての先発出場は4試合に限られているが、打者としてはここまで62試合に出場し、打率.342で今週末を迎えた。

「昨シーズンから徐々に調整してきました」と大谷は語った。「この5年間を振り返ると、うまくやってきたかなとは思います」

コロラド・ロッキーズとニューヨーク・ヤンキースでプレーしたファイターズの投手クリス・マーティンの評価は、本人ほど控えめではない。

「大谷は昨年から今年にかけて、打者としてさらに良くなった」とマーティンは言った。「怖いくらいにね」

・・・

それで、彼はメジャーでは投げるのか、それとも打つのか？

「彼は時速100マイル（約160.9キロ）の球を投げるので、投手として活躍するだろう」と、あるMLBの幹部は語った。

それに反論するのが、大谷は投手よりも打者の才能があると語る、元MLB首位打者のイチロー・スズキだ。

花巻東高校時代の恩師である同校野球部の佐々木監督の意見はこうだ。「彼は打席に立つと、打つことを楽しんでいる“野球少年”のように見えます。マウンドに立つときは、それを仕事だと思っているように見えます。投げることは彼にとって真の仕事であり、本業なのです」

大谷自身は二刀流を続けたいと語っている。MLB球団も、彼を獲得するためにはその機会を与えなければならないことをわかっている。

「各チームがどんなことを言ってくるのか、興味があります」と大谷は語った。

MLBのチームが大谷の要望を叶えるには、工夫が必要になるだろう。先発投手の登板ペースは日本では週に1回だが、MLBでは5日ごとだ。昨シーズン、大谷の体に問題がなかったときは、火曜から木曜まで指名打者として出場することが多かった。その後2日間は登板の準備をして、日曜に先発する。一般的にNPB全体が休みとなる月曜は休養した。

MLBのチームも、先発ローテーションを6、7人に増やすことで、同様のスケジュールを組める。ドジャースにはそれを試せるだけの選手層の厚さがあるが、ナ・リーグにはDH制度がないので〔訳注：ナ・リーグにDH制度が導入されたのは2022年から〕大谷を指名打者ではなく外野か一塁で起用する必要がある。

ナ・リーグの他のチームは、大谷を8回まで右翼手でプレーさせ、9回にクローザーとして起用する戦略を検討している。

ライバル球団は、ドジャースとヤンキースが大谷の移籍先の最有力候補だと考えている。なぜなら、両球団は毎年のようにプレーオフに出場する強豪で、日本人選手との間に長い歴史もあるからだ。だが佐々木監督は、この考えに納得していない様子だ。大谷が全国的な強豪チームではなく地元の高校でプレーするのを選んだことを、よく知っているからだ。

佐々木監督は、投手としてアメリカに渡るか、日本に残って二刀流選手としてプレーするか迷っていた高校3年生の大谷に、ファイターズの幹部が言った言葉を思い出していた。「これまで誰もやったことのないことに挑戦してみないか」

大谷はNPBでの5シーズンで、可能性の壁を打ち破った。来年には、メジャーリーグでも同じことをするかもしれない。

**上：**アルコールのシャワーを浴びているときに、マイクを顔に押しつけられるほど、スポーツの世界での勝利のお祝いを象徴する光景もない。日本ハムファイターズが日本シリーズで優勝した後、大谷翔平はこの難しい状況にもうまく対処したようだ。
AP通信（共同通信経由）

OHTANI

A RARE ANGEL　希代の天使

# 入札合戦に勝利したエンゼルス、日本のスター、大谷翔平を地元ファンに紹介

ペドロ・モウラ　2017年12月9日

大谷翔平は、「この日」のために暖かいベルベットのスーツを持参していた。先月、アメリカに到着した日本の二刀流の大スターは、最終目的地でどんな天候が待ち受けているかを知らなかった。20以上のメジャーリーグ球団が、サーカスのような雰囲気の中で大谷を誘った。ポスティングルールのために、彼は12月21日までに決断を下さなければならなかった。

彼は予想よりも早く、予想外の選択をした。23歳の大谷と231万5000ドル（約2億6000万円）の契約金で正式にマイナーリーグ契約を結んだのは、ロサンゼルス・エンゼルス。大谷が日本で所属していた北海道日本ハムファイターズは2000万ドル（約22億4000万円）の譲渡金を受け取るが、エンゼルスが支払う総額は彼の価値に比べれば取るに足りないものになるだろう。

エンゼルスは土曜日、29℃に達したアナハイムの午後の日差しの下、地元ファンに大谷を紹介した。エンゼル・スタジアムに特設された屋外ステージの前に、1000人以上のファンが集まった。球団は売店を用意し、背番号17を1枚ずつ縫い合わせた大谷のユニフォームを販売した。大谷は英語で自己紹介した。緊張していることを認め、通訳を介していくつかのジョークを言い、写真撮影に笑顔で応じた。

エンゼルスがこのとてつもない幸運を得たことを知ったのは、わずか28時間前のこと。金曜日の午前11時、ゼネラルマネージャー（GM）のビリー・エプラーは、GM補佐のジョナサン・ストランジオのオフィスで、大谷の代理人から電話を受けた。

前夜、エンゼルスは大谷を球場に迎えた。会うのは2度目だった。最初のプレゼンテーションは、月曜の夜、大谷の代理人であるクリエイティブ・アーティスツ・エージェンシー（CAA）のロサンゼルス事務所で行った。

CAAのネズ・バレロがフォローアップのミーティングを手配しようとしたとき、エンゼルスはNFL（ナショナル・フットボール・リーグ）のフィラデルフィア・イーグルスのスケジュールに合わせて調整をする必要があった。イーグルスは日曜日のロサンゼルス・ラムズとの試合を前に、この球場を練習場にしていた。そこで大谷とは同日夜に会談。エプラーはこれからどうなるかわからないまま就寝した。

「どうしても眠れなかった」とエプラーは言う。

彼は時間をつぶすため、他の取引について あれこれと考えた。朝になり、契約が決定したことを知らされると、飛び上がって喜んだ。デスクの前にいたストランジオが、両手で頭を覆った。再び座ろうとしたエプラーが、誤って椅子から転がり落ちたからだ。ストランジオは床に倒れ込んだエプラーに駆け寄り、助け起こした。

「とにかくびっくりしたんだ」とエプラーは言う。「本当に驚いたよ」

自分がエンゼルスのGMに就任すると知ったときよりも、胸に迫るものがあったという。それは妻のキャサリンと結婚し、息子ザンダーの成長を見守った日々に抱いた感情に匹敵するものがあった。

「結果がどうであれ、これは我々にとって大きな瞬間だ」とエプラーは語った。「これからこの二刀流のプレーヤーをどう活かしていくか、我々の真価が問われている」

野球界の大物たちは、大谷がベーブ・ルース以来、100年ぶりにトップレベルの二刀流選手になる可能性を秘めた選手であることに同意している。ただしもちろん、ルースが活躍していた時代と今は状況が大きく違う。

大谷は、ルースは神のような存在だと語った。だが彼はルースと同じように、類まれな才能を持ち、一流のパワーとスピード、驚異的なスローイング能力、そして投手としての才覚にあふれている。

「彼のようなレベルの投手が入団するのは、このチームに長い間見られなかったことだ」とエンゼルスのマイク・ソーシア監督は語った。

エンゼルスは大谷を受け入れるために、先発ローテーションを6人に増やすことを検討している。日本のプロ野球時代と同じように大谷を週に1回先発させるつもりなら、この体制が必要だ。

「これで彼は少し楽になるだろう」とエプラー

**左ページ：**当時、大谷翔平が最も好んでいた色は？　そう、赤だ。ロサンゼルス・エンゼルスの赤。この色は最終的にドジャースの青に変わるが、このときの大谷は、エンゼルスへの移籍に全力を注いでいた。
ALLEN J. SCHABEN / ロサンゼルス・タイムズ

右：大谷翔平は 2017 年 12 月 9 日の記者会見で希望と楽観に満ちていた。しかし、エンゼルスと彼にとって、すべてが思うように進んだわけではなかった。
ALLEN J. SCHABEN / ロサンゼルス・タイムズ

右ページ：エンゼルスのオーナー、アルテ・モレノと、新たなスター、大谷翔平が、象徴的なお辞儀をする。エンゼルスがチーム強化に本気で取り組んでいるのは明らかだった……たとえ、大きな犠牲を払ってでも。
ALLEN J. SCHABEN / ロサンゼルス・タイムズ

GM は言う。「他の先発ピッチャーにとってもね。我々は、こうした調整を行うためのいくつかのパターンを検討している」

ロサンゼルス・エンゼルスは、エンゼル・スタジアムで行われた入団記者会見で、新加入した日本人の二刀流選手、大谷翔平を正式に歓迎した。

このセレモニーも、エンゼルスが大谷に提示した 2018 年の全スケジュールに含まれていた。そこには、いつ登板し、いつ指名打者として試合に出場するかについての何パターンかのプランも記されている。あるプランでは、登板の合間に休養日と指名打者日が交互に設けられていた。別のプランでは、登板日の合間に 1 試合だけ指名打者日が設けられている。いずれにしても、外野手として出場することはないだろう。

「提案されたプランは素晴らしいものでしたが、そのまま行くかわかりません」と大谷は通訳のマット・ヒダカを通じて語った。「よく話し合う必要があります。どんなプランで行くにせよ、チームと議論しながら固めていきます」

大谷は今シーズンを、250 打席以上のペースではスタートしないようだ。日本での 5 年間で、この数字を達成したのはたった一度だけだ。

「本人や、これまで彼と一緒に仕事をしてきた人たちの意見を参考にしながらプランを練っていくつもりだ」とエプラーは語った。

月曜日まで一度も会ったことはなかったが、エプラーは 2013 年以来、大谷の試合を 10 回も観戦したという。エプラーは今週、初めて大谷に会い、その野球への向き合い方がマイク・トラウトに似ていると確信した——それは、ごくシンプルなものだ。

「大谷は、野球のすべてを吸収している」とエプラーは言う。「彼の世界では、それ以外のことはあまり起こらないんだ」

OHTANI
ANGELS
ANGELS BASEBALL

二刀流
ANGELS
17
Mobile· T · ·Mobile·
T · ·Mob

# 大谷翔平が未知の世界「アメリカ野球界」への第一歩を踏み出す

ディラン・ヘルナンデス　2018年3月29日

　オークランド――大谷翔平がエンゼルスでの春季キャンプに向けて渡米する約1か月前のクリスマスの日、日本ハムファイターズはファンを札幌ドームに招待した。大谷はそこでファンに別れを告げた。

　セレモニーの終盤、ファイターズの栗山英樹監督が大谷にピッチャーズプレートを贈呈した。その白いプレートには、栗山監督直筆の「世界一の選手になると信じています」というメッセージが書かれていた。

　その栄誉と、エンゼルスの開幕戦で8番打者として5打数1安打でデビューした23歳の有望株・大谷との間には、まだ大きな隔たりがある。最終目的地は、大谷自身もそれがどれくらいかわからないと認めるほど遠い。大谷は日曜に先発ピッチャーとして登板するが、このように打者と投手の一人二役に挑戦したことがあるのは彼だけではない。あのベーブ・ルースも、約100年前に二刀流選手として数シーズン、プレーしている。

　大谷とエンゼルスは、栗山監督が抱いたのと同じ信念に導かれて、未知の世界へと踏み出した。

　その思いは、オークランド・コロシアムでアスレチックスを相手に行われた木曜日の開幕戦に、延長11回の末5対6で敗れた後のインタビューでの大谷の答えにも表れていた。

「春季キャンプを過ごしてきた中で、メジャーでの二刀流挑戦に対する考え方がどんなふうに変わったか?」と聞かれると、大谷は日本語でこう答えた。「まだ何かを言うには早すぎます。シーズンを通して戦っていく中で、きっと手応えや進歩を感じる部分も出てくるはずです。それを楽しみにしています」

　はっきりと口にはしなかったが、その言葉からは、彼がいずれ自分の才能を証明できると信じていることが窺えた。

　日本よりも大柄な選手が多いメジャーリーグにあっても、大谷の身体能力の高さは明らかだ。木曜日の打撃練習でも、目を見張るものがあった。左打ちの大谷が放った打球は、センターの壁を越え、外野席上段にある豪華なスイートルームのさらに上の最上階席に飛び込んでいった。

　9回には普通の二塁ゴロを、ギリギリのところでアウトになるプレーに変えた。スカウト陣の計測によれば、大谷は身長6フィート4インチ（約193センチ）、体重200ポンド（約90.7キロ）という大きな体で、バッターボックスから一塁までをわずか3.8秒で走る。これはMLBトップレベルのスピードだ。

　そして彼は、自分の持っているものを最大限に活用しようとしている。

　この開幕戦には、大谷の両親が観戦に来ていた。「日本の社会人野球の選手だった父親から野球について教わったことで、何が一番重要だったか?」と尋ねられると、「一塁まで全力で走ることですかね」と彼は答えた。「基本的なことですが、とても重要だと思います」

　また大谷は、自分の打席が回ってこなそうなイニングでも、エンゼルスのほかの打者の打席に注意を払っていた。相手のリリーフピッチャー陣の特徴を知りたかったからだ。

「今後の試合で、彼らと対戦するかもしれません。だから、準備しておく必要があります」

　大谷はすでにメジャーリーグにアジャストしている。

　最後のオープン戦となった月曜日のドジャース戦、大谷はバッティングフォームを変えた。右足を高く上げる「レッグキック」スタイルを、すり足気味にひねる「トータップ」スタイルに変更したのだ。

　右足を高く上げるバッティングフォームのときは、特に内角の速球に弱かった。開幕戦の2回表に迎えた初打席では、アスレチックスの先発ケンドール・グレーブマンの初球のカッターをライトに打ち返した。このシングルヒットで二塁に進んだエンゼルスの遊撃手アンドレルトン・シモンズは、その後のマーティン・マルドナードのエンタイトルツーベースでホームインした。

　大谷は4回にも内角球をしっかりととらえたが、打球はセカンドのジェド・ローリーの正面に飛んだ。

「彼がアメリカの野球に慣れるためにどれほど努力してきたか、簡単に理解するのは難しいだろう」とエンゼルスのマイク・ソーシア監督は語った。

　大谷は6回と9回に再び内野ゴロを打ち、延長11回にはクリス・ハッチャーの高めの94マイル（約151.2キロ）の速球で三振に倒れた。

**左ページ：**2018年4月8日、エンゼルス・ファンが熱い視線を送る中で投球する大谷翔平を、やや芸術的な前景のぼかしを入れて撮影した1枚。この日は7イニングを投げ、19打者連続アウトを取るなど、わずか1安打しか許さず、エンゼルスを6対1の勝利に導いた。
WALLY SKALIJ / ロサンゼルス・タイムズ

右：春季キャンプが始まると、大谷の存在自体が特別なイベントになった。目の前に差し出されたものに次々とサインしていく彼は、それまでこのチームになかった特別な雰囲気をエンゼルスにもたらした。
ROBERT GAUTHIER / ロサンゼルス・タイムズ

右ページ：シーズン最初の登板前ほど神経質になるときもない。だから、オープン戦で2回まで投げた大谷翔平を、チームメイトたちは温かく祝福した。
ROBERT GAUTHIER / ロサンゼルス・タイムズ

大谷のオープン戦はやや期待外れの成績に終わったが、それと同じくらい印象的だったのが彼の冷静さだった。木曜日も彼は落ち着いていた。開幕戦であることも、彼を動揺させたりはしなかった。

スタンドに両親がいるのはどんな気分だったか尋ねられると、彼は「どんな気分……？」とつぶやきながら顔を上げた。

大谷は微笑んだ。

「両親が無事にここに来られてよかったです」

また、第1打席で出塁したときに笑顔を見せなかった理由を、こう説明した。

「嬉しかったのですが、まだ試合が始まったばかりだったので、あまり感情的になるべきではないと思ったんです」

ヒットを打ったボールは試合後に回収され、大谷のもとに届けられた。

「この試合を見に来てくれた両親に渡したいと思います」

また、見た目通り、実際に落ち着いていたとも言った。

「バッターとして緊張したことは、一度もありません」

では、日曜日に登板するときには？

「たぶん緊張するでしょうね」と彼は言った。

おそらくそれは、彼にとって初めてのことになるだろう。

ANGELS
asics
AZ

WERADE
FOX
SPORTS

# エンゼル・スタジアムでの初ホームラン、大谷にとって特別な瞬間

ディラン・ヘルナンデス　2018年4月3日

この日のスタジアムも、客席は半分ほど空いているように見えた。昨年や一昨年にも、よく見た光景だ。

だが、ここはもはや以前と同じ場所ではない。それまでになかったような緊迫感と、紛れもない興奮があった。

火曜日の夜、大谷翔平はエンゼル・スタジアムを最高の場所に変えた。約20年前にエンゼルスのマスコットキャラクター、ラリー・モンキーが初めてこのスタジアムの大型スクリーンに登場したときと同じような奇跡を起こしたのだ。〔訳注：ラリー・モンキーは直訳すると「逆転猿」。2000年頃から猿のキャラクターがスクリーンに映るとチームがよく逆転したことから、この名がついた〕

メジャーリーグ初打席でシングルヒットを打ってから約1週間後、投手としてメジャー初勝利を挙げてから2日後、大谷は新しいホームスタジアムで初めてバッターボックスに足を踏み入れた。

そして、ホームランを放った。

1回裏、クリーブランド・インディアンスの先発ピッチャー、ジョシュ・トムリンのボールを、優雅なスイングでとらえたスリーラン・ホームラン。ライナー性の打球が、ライトスタンドの観客が広げた手の海の中に飛び込んだ。

エンゼルスが13対2で勝利したこの試合で大谷が放った3本のヒットは、どれも衝撃的で、強烈だった。

大きな注目を集める状況でも、大谷は野球少年のような純粋な情熱を保っていた。その点で、一役買ったのがチームメイトたちだ。

ホームランを打った大谷がベースを一周してベンチに戻ると、エンゼルスの選手たちは、初めてホームランを打ったチームメイトに対し、最近流行りの「サイレント・トリートメント」をした。全員が大谷を無視するように背を向けたまま、フィールドのほうを見ていたのだ。

「何が起きたのかよくわかりませんでした」と大谷は日本語で語った。「とにかくベンチに着いたらそんな状況だったので、“そういうものなのかな”と思いました」

大谷は一人で両手を上げて祝った後、右に手を伸ばしてイアン・キンズラーを後ろから抱きしめた。キンズラーも抱きしめ返した。瞬く間に、大谷は笑顔のチームメイトたちにもみくちゃにされた。

大谷はマイク・トラウトとハイタッチして微笑んだ。

「嬉しかったです」と大谷は言った。

試合後、チームから歓迎の洗礼がもう1つあった。何も知らずフィールドで試合後のインタビューを受けている大谷に、背後から忍び寄ったコール・カルフーンが、クーラーボックスいっぱいの氷水を浴びせたのだ。

「氷水をかけるのは、テレビで見たことがありました」と大谷は語った。「気持ち良かったです。彼には見事にやられました。でも、嬉しかったです」

この試合、大谷は3安打を記録。初回のホームラン以外に、3回裏には二塁手ジェイソン・キプニスのグラブを弾く強烈なライナー性のシングルヒット、8回裏にもセンター前にライナー性のヒットを放った。

大谷は自分が成し遂げたことに無頓着だったが、それは歴史的な記録だった。彼以前に、投手として試合に勝利してから2日以内に初回ホームランを打った選手は、1921年6月13日と14日のベーブ・ルースしかいない。シーズン最初の6試合で3安打以上を放ち、1勝以上を挙げたルーキーは、1924年のボストン・ブレーブスのダッチ・ストライカー以来だ。

調整期間はもう終わった。春季キャンプで囁かれていた不安も払拭された。

わずか7日前、懐疑派たちは、大谷がいつトリプルAのソルトレイクに降格するか、いつ打撃を諦めて投手に専念せざるを得なくなるかをカウントダウンしていた。

常識的に考えれば、メジャーリーグで投手または打者のどちらかをするだけでも十分に難しい。両方を同時に行うなど不可能だ、週のうち打席に立つ回数が限られていたら打者はリズムをつかめない、と考えるのが普通だろう。

だが常識が、すべての状況やあらゆる人に当てはまるとは限らない。

大谷は、その例外かもしれない。まず、身体能力からして桁違いだ。

身長は6フィート4インチ（約193センチ）。チームの誰よりも速いボールを投げ、打撃練習でも誰よりも遠くボールを飛ばす。

ランナーとしても、チーム最速ではないが、

**左ページ：**エンゼル・スタジアムでの初ホームランを打った大谷翔平に、氷水のシャワーが浴びせられる。この野球界の伝統的ないたずらを仕掛けたのは、氷の後ろにいるコール・カルフーンだ。
JAE C. HONG / AP通信

トラウトに次ぐ2番手の俊足を誇る。

世界トップクラスの野球選手たちに囲まれていても、その運動能力は突出している。リトルリーグにいるヒゲを生やしたピッチャー、13歳でダンクシュートを決める少年みたいなものだ。麻薬で挫折する前の、類まれな能力を誇った野球選手、ジョシュ・ハミルトンのようでもある。

大谷の投球や打撃を観察し、日本時代の指導者が彼の知性について話すのを聞き、マイク・ソーシア監督をはじめとするエンゼルス関係者が語る彼の練習への取り組みを考えると、火曜日のパフォーマンスは、必然に感じられる——とてつもなく大きなことの始まりではないにしても。

打席に立つ回数が少ない中で、打者としての試合勘をどう養っているのか尋ねられると、大谷は「投げることでも試合勘は保てます。それは昔からやってきたことです」と答えた。

今、彼がどれだけの可能性を秘めているか、問いは尽きない。大谷はあと何試合勝てるのだろう？　あと何本ホームランを打つ？　どのくらい遠くまでボールを飛ばせるのか？

大谷は水曜日も、指名打者として試合に出場する。

---

**左：**エンゼルスの本拠地があるアナハイムには、地球上で最も幸せな場所と言われるディズニーランドがある。だがその幸せな気分も、大谷がエンゼル・スタジアムでの初ホームランを打った後、ダグアウトで味わった歓喜を上回るのは難しいだろう。
JAE C. HONG / AP通信

**左ページ：**ストライクゾーン低めに投げられた球を、外野席のファンめがけて打ち返す教科書のようなスイング。クリーブランド・インディアンス（現ガーディアンズ）戦で、1回にスリーラン・ホームランを放つ。
SEAN M. HAFFEY / ゲッティイメージズ

2018
AZ

# バッティングへの集中で、大谷翔平の成績は上がるはず

ディラン・ヘルナンデス　2019年3月22日

　大谷翔平はそれを拒絶するだろう。エンゼルスも決してそんなことはしないだろう。もちろんファンも、絶対にそれを嘆くはずだ。

　それでも、このアイデアはよく考えてみる価値がある。だからこそ、そのスカウトは電話越しに、大谷が最終的にはフルタイムの打者になるかもしれないと述べたのだ。

「今シーズン、彼はその方向に向かうかもしれない」と、あるナショナル・リーグのチームで働くスカウトは言った。

　肘の再建手術からまだ半年しか経っていない大谷は、2020年まで再びマウンドに立つことはないと考えられている。

　しかし、メジャーリーグ唯一の二刀流選手が一時的に姿を消したことに失望する人がいる一方で、この日本人強打者が打撃に集中したら、どんな活躍を見せてくれるのだろうという期待も高まっている。

「大谷は昨年、信じられない数字を残した」とエンゼルスの外野手マイク・トラウトは語った。「だから、今年はとても楽しみだ」

　左バッターである大谷のメジャー1年目の成績は、打率.285、22本塁打、61打点。打者として104試合に出場し、そのうち82試合は先発出場、367回打席に立った。

　今季は開幕から1か月間は故障者リストに入るだろうが、その後は打者として多くの試合に出場し、多くの打席に立つことが期待されている。

「彼の打撃力はさらに向上するだろう」と元ドジャースのゼネラルマネジャー、ダン・エバンスは語った。

　かつてトロント・ブルージェイズのスカウトを務めていたエバンスは、大谷を北海道日本ハムファイターズの新人選手だった18歳の頃から観察していた。それだけに、昨年の春季キャンプで大谷の成績が振るわなかったときも、心配する必要はないとわかっていた。

「問題ないさ」とエバンスは当時言った。「彼は毎年こんな調子なんだ」

　プロ入りからの7年間を追いかけてきたエバンスは、大谷は「発展中の選手」だと考えている。なにしろ、まだ24歳なのだ。

「彼はまだ若く、経験も浅い」とエバンスは言った。「だから、これから大きな伸びしろがある。私は、殿堂入りする可能性もあると考えているよ」

　エバンスは、大谷が日本のプロ野球で過ごした5シーズン、2017年シーズンに至るまででどう進化してきたかを説明した。以前は打球を引っ張ることの多いプルヒッターだったが、次第に逆方向に打つ頻度が増えた。日本での最後のシーズンには、自己最高の打率.332を記録している。

　肘を負傷する前は、週に4日は打者として試合に出場していた。登板日とその前後の日は打席に立たなかった。マウンドに立つのは週に1回。

　傍目からはハードなスケジュールに見えるが、大谷はそれに慣れていた。

「大変というのなら、毎試合出場するのも、スランプのときにプレーを続けるのも大変だと思います」と彼は日本語で語った。

　打撃で調子を崩しても、マウンドに立つことで気持ちを切り替えられるという。

　打席数を増やせば、その分、相手投手に弱点をさらすことになる。だがエバンスは、この追いつ追われつのいたちごっこで、大谷が相手投手陣の一歩先を行くと考える。

「彼は本能的な直感力に優れていて、試合中の微妙な変化を察知できるんだ」

　大谷自身も、それを期待している。

「自信というより、新しい環境に慣れ、相手ピッチャーと、彼らの攻め方を知ることが大切だと思います」と大谷は言う。「知らないより知っているほうが、僕にとってはプラスになります」

　マイク・トラウトは、大谷が春季キャンプからレギュラーシーズンが始まるまでの期間で、いかに簡単にバッティングのタイミングを変えたかについて語った。

「僕が一番注目しているのは、彼の調整力の高さだ。キャンプでは右足を上げるレッグキックだったのを、開幕戦ですり足のトータップに切り替えた。それでいてボールを500フィート（約152.4メートル）も飛ばせるんだからね。信じられないよ」

　エバンスは、シーズン終了時の大谷の打率を予測したがらなかった。だが前述のナ・リーグのスカウトは、400回以上打席に立てば、大谷は30本塁打、打率3割でシーズンを終えることも可能だと語っている。

「彼は約半分のシーズンでホームランを20

**左ページ：**1度目のトミー・ジョン手術から回復したことで、バッティングに重点を置いた大谷の打撃成績は向上すると考えられていた。これに異論を唱えるのは難しい。
ROBERT GAUTHIER / ロサンゼルス・タイムズ

本打っているからね」他チームの選手について公にコメントすることを球団から認められていないそのスカウトは、匿名を条件に語った。

彼は、大谷が投手をやめて野手になれば、50本塁打打てるとも予想する。

たとえそれが実現しなくても、大谷は昨年27.8%だった三振率を下げるだろうと考えている。

「彼は大柄なので、スイングが長くなる。でも、だからといって、平均的なコンタクト率が取れない理由はない。三振率は15～17%に下がる可能性もある」

エバンスと同じく、日本にいた頃から大谷を追ってきたこのスカウトは、大谷はその志の高さによって、今後も成長を続けると考えている。

「彼はロイ・ホッブスだ〔訳注：米国映画『ナチュラル』の主人公。才能に恵まれながらも不運に苦しみ、遅咲きのメジャーリーグ・デビューを果たす〕。史上最高の選手になりたいと思っている」

投げる負担から解放されれば、盗塁もしやすくなる。昨年の10盗塁のうち、9個は6月上旬の肘の負傷後に記録したものだ。

「忘れられがちだが、彼は走れる。メジャーリーグ全体でも上位1割の走力がある。20盗塁以上は堅いだろう」

エバンスと匿名のスカウトは、大谷ならライトのポジションでもゴールドグラブ賞級の守備ができるし、センターを守ることも可能だと考えている。実際、大谷は日本で外野手としてプレーした経験もある。

「もし大谷が野手に専念すれば、守備でメジャー・ベスト5、右翼手としては史上トップクラス選手になれる」とそのスカウトは語った。

このスカウトは大谷の投手としての才能を信じているし、彼がアメリカに移籍する前から、MLBでも二刀流は通用すると確信していた。大谷の速球は、時速100マイル（約160.9キロ）に達する。それでも彼は、「大谷は投手としてよりも、野手や打者としてのほ

うが特別な存在だと思う」と語った。

　けれどもエバンスは、打者としての経験が増えることは、投手としての大谷にプラスになると考えている。

「大谷は、打者がバッターボックスで体験することを、他の投手よりよく知っている。打者としての豊富な経験があるからこそ、他の投手とは違ったアプローチができるんだ」

　エバンスは、大谷の能力には、いかなる制限も課すべきではないと警告する。

「彼は唯一無二の存在だからね」

　大谷はすでに昨年、それを証明した。今年も証明できるだろう。ただし、昨年とは別の方法で。

**左：**匿名のスカウトは、「大谷翔平は投手として活躍しながら、ホームランを30本は打てる」と語った。では、ピッチングをしなかった場合は？　そのシナリオは今年（2024年）実現した。大谷は54本のホームランを放ち、59個の盗塁を記録した。
ALLEN J. SCHABEN / ロサンゼルス・タイムズ

**左ページ：**エンゼルスでの1年目のシーズン（2018年）、三振でイニングを締めくくり、喜ぶ大谷翔平。このシーズンは10試合に先発し、4勝2敗、防御率3.31。
WALLY SKALIJ / ロサンゼルス・タイムズ

17

# 大谷はついに、エンゼルスが思い描いた二刀流スターになるかもしれない

ディラン・ヘルナンデス　2021年3月5日

物語の筋書きはあっという間に変わった。「大谷翔平にこれ以上どんな災難が降りかかるのか」という不安は、彼が到達しうる驚異的な高みへの期待に取って代わられた。彼の命運を分けると位置づけられた春は、新たな可能性を開く扉へと変化した。

大谷はテンピ・ディアブロ・スタジアムでバックスクリーン越えの468フィート（約142.6メートル）のホームランを放った2日後、金曜日にアリゾナ州メサのホホカム・スタジアムで行われた対オークランド・アスレチックスとのオープン戦に先発。100マイル（約160.9キロ）の速球を披露し、1回2/3で5三振を奪う快投で、7イニングに短縮して行われたこの試合での、エンゼルスの7対3の勝利に貢献した。

26歳の大谷は突然、メジャーリーグのスカウトから最高級の評価を得た、日本の野球界を席巻した当時の二刀流選手に戻った。

まるでスーパーマンだ。

このキャンプ序盤の好調によって、「大谷はもうじき投手としてのキャリアを諦め、打撃に専念することを余儀なくされるかもしれない」という、球界全体が抱いた憶測は沈静化した。

レギュラーシーズンが始まる頃には、彼はMVPのダークホースとして脚光を浴びているだろう。

「彼はとても楽しんでいるようだ」とエンゼルスのジョー・マドン監督は語った。「その表情には、昨年のようなストレスは見当たらない」

その理由をシンプルに説明するならば、大谷がようやく万全の状態でシーズンを迎えられるからだ。昨年は、膝の手術から回復中だった。一昨年は肘の再建手術、3年前は足首の手術から回復中だった。

「去年も一昨年も、リハビリが日課でした」と大谷は日本語で語った。「あまり楽しくはなかったかもしれません」

左打者の大谷は、手術で治した軸足の膝の状態がよくなったため、特にバッティングを楽しんでいる。

「考えすぎないようにして、練習でしたことを試合でやるだけです」

大谷は常に真剣にピッチングに取り組んできた。しかしエンゼルスと契約して以来、十二分には投球ができていない。2018年のルーキーシーズンは、投球肘を負傷したため（野球肘）10試合の登板にとどまり、シーズン終了後には大手術が必要になった。昨年はマウンドに復帰したが、再び右肘を傷め、わずか2度の登板に終わった。

だからこそ、金曜日のパフォーマンスは彼自身を勇気づけるものになった。

「最初の試合だったので、気楽に投げようと思いました」と大谷は語った。

“気楽”というのは、大谷にとって96マイル（約154.4キロ）から100マイル（約160.9キロ）の速球を意味するようだ。1回は二塁打と四球を許したが、3三振を奪った。

2回にも二塁打2本、四球1つ、失点1を与えたが、2つのアウトは三振で奪った。2アウト、ランナー2人を塁に置いた状態でマウンドを降りた。投球数は41。

最初の2つの三振は速球で、次の3つの三振はスプリットで奪った。カウント序盤のスライダーの回転に問題があり、カウント後半の速球のコントロールにもやや難があったが、本人は昨年よりも「確実に」腕の調子はよくなっていると語った。

マドン監督は、大谷が投球の間に何度かボールを手元で軽く上に投げ、キャッチする仕草をしていたと指摘した。

「選手がそれをするのは、落ち着いていて、精神的に余裕があるときだけだ」

マドンはスピードガンの計測値以上に、以前よりもコンパクトに見えた大谷の投球フォームに満足していた。

大谷はバッティングフォームも変え、以前より前肘を顎に近づけるようにした。姿勢がよりまっすぐになったことで、バランスが保ちやすくなり、ボールも見えやすくなった。左膝の筋力が戻ったことで、バッティング時に軸足に長く体重を残してタメをつくれるようになった。冬の間、何の制限もなくウエイトトレーニングに打ち込めたので、身長6フィート4インチ（約193センチ）の体は目に見えて逞しさを増した。

水曜日に放ったバックスクリーン越えの一発は、過去に彼が苦しめられてきた種類の球、つまり高めの速球だった。

「風もあったので、飛距離がどうこうという

**左ページ：**大谷には投手としての実績がある一方、2度にわたる肘の大手術の後は、かなりの期間マウンドから遠ざかっている。2024年、ドジャースでは一度も登板しなかった。
ALLEN J. SCHABEN / ロサンゼルス・タイムズ

のはよくわかりません」と大谷は皮肉ではなく言った。「でも、いい角度で打球が上がりました。いい軌道でボールをとらえられているということだと思います」

他にも調整が必要になるだろう。大谷はピッチングをしていたとき、通常は週1回、日曜日にマウンドに立っていた。火曜日から金曜日までは指名打者として出場し、土曜日は休み、日曜日に先発して、月曜日にも休むというのが基本的な1週間のパターンだった。日本ハムファイターズ時代から、このスケジュールを守ってきた。

今季、このスケジュールは1日短縮される見込みだ。マドン監督は、大谷をチームの6人の先発ローテーションピッチャーと同じように扱うつもりだと述べている。

「彼の順番が来た日が、彼が登板する日だ」とマドンは語った。

大谷がどのくらいの頻度でプレーするかは、彼がそのときの自分の状態をどう感じているか次第だ。マドンは、彼がコーチやトレーナーに正直に申告することを期待している。

「大事なのは、本人に裁量権を与えること。あまり多くを指図せず、彼の運動能力を信じる。怪我のことばかり過度に心配するのはよくない」とマドンは語った。

マドン監督の言うことには一理ある。従来の方法では、大谷に年間を通じてピッチャーとバッターを続けさせるのは難しかった。二刀流選手としてシーズンを全うしたのは、2016年に日本ハムで一度しかない。

それは大谷にとってプロ野球選手になって最高のシーズンだった。投手としても指名打者としてもパ・リーグのベストナインに選出され、リーグMVPを獲得。チームは日本シリーズで優勝している。

それをメジャーリーグで再現するのは難しいかもしれない。だがこの春季キャンプの時点では、すべてがその大きな手の届く範囲にあるように思える。

**左：**2022年のボストン・レッドソックス戦で最後のアウトを取り、喜ぶ大谷翔平。エンゼルスでの5年間で、投手として38勝19敗、防御率3.01の記録を残した。
WALLY SKALIJ / ロサンゼルス・タイムズ

**左ページ：**大谷翔平が素晴らしいプレーをした後に、ダグアウトで祝福されるのは珍しくない。元エンゼルス監督のジョー・マドンによれば、大谷はプレーすることを楽しみ、試合に出ることに大きな喜びを感じていた。
ALLEN J. SCHABEN / ロサンゼルス・タイムズ

17
ANGELS
17

# 「漫画」は大谷翔平の二刀流にどんな影響を与えた？

ディラン・ヘルナンデス　2021年5月23日

彼は、大谷翔平登場以前の「大谷翔平」だった。

彼は、アナハイムと契約した日本人左腕だ。

その速球は時速102マイル（約164.1キロ）。球場のスタンド上段の大型スクリーンに激突する特大ホームランを打ったこともある強打者だ。

彼の名は茂野吾郎。そう、架空の人物。日本の漫画、『MAJOR』の主人公だ。

大谷は、1994年から2010年まで週刊少年サンデーに連載されたこの人気漫画のファンだった。2010年は、大谷が花巻東高校に入学した年だ。

今、エンゼルスの二刀流選手になった26歳の大谷は、現実の世界の茂野吾郎になった。

この週末をメジャーの本塁打ランキングで首位タイの14本で迎えた大谷は、まさに漫画の主人公のような活躍をしている。先週は、3試合連続でホームランを打った。ある日にはグリーンモンスター〔訳注：レッドソックスの本拠地フェンウェイ・パーク左翼にそびえる11m以上ある緑色のフェンスの愛称〕を越える逆方向への一発を放ち、別の日にはストライクゾーンから上にかなり外れたボールを強烈に打ち返した。

ピッチャーとしても、ここまで30と1/3回を投げ、45奪三振、防御率2.37を記録している。

近代史上初の二刀流選手が日本で生まれたことを意外に思う人もいるかもしれない。日本の投手や打者は、マウンドや打席で圧倒的な身体能力で勝負する型破りなタイプというより、堅実で基本に忠実なプレーで知られている。だがよく考えると、この国から大谷のような選手が登場した理由もよくわかる。

むしろ彼のような選手は、日本だからこそ誕生した。

二刀流の選手は、日本に以前から存在した。それは主に想像の世界ではあったが、それでも存在していたのは間違いない。つまり大谷は、既存のコンセプトを具現化した存在なのだ。

だからこそ、2015年に続編である『MAJOR 2nd』の連載が始まると、週刊少年サンデーは、この漫画の主人公・茂野吾郎にインスピレーションを受けた野球選手に推薦の言葉を求めた。

『MAJOR 2nd』の新聞広告には、大谷の「吾郎の情熱が野球をもっと好きにさせてくれた」というコメントが掲載された。

日本では、アメリカでは想像できないほど「マンガ」が社会に浸透している。ジャンルは幅広く、大人向けの作品も多い。日本は、大人向けと子ども向けの娯楽にアメリカほど明確な境界線がない。そのため、漫画や漫画を原作としたテレビアニメが人気を博すと、社会のあらゆる階層に受け入れられる。

たとえば今年、大谷のエンゼルスでの登場曲として使われたのは、超自然的な呪術の力を操る高校生を描いた『呪術廻戦』のアニメ版のエンディング曲だ。

漫画は息苦しい現実からの避難場所になる。漫画の世界では、どんなことでも可能だ。

戦士からワインテイスター、教師、探偵、外科医、シェフまで、あらゆる職業や肩書きの人物を主人公にした漫画がある。

もちろん、スポーツ選手を主人公にしたものも。

スポーツ漫画の登場人物は、超能力を持っていることが多い。ピッチャーが投げたボールが消えたり、サッカーのシュートがゴールネットを燃やしたり。

そして、現実は、しばしば芸術を模倣する。

漫画『スラムダンク』は日本におけるバスケットボールの知名度を高め、2016年の国内プロリーグ「Bリーグ」発足を後押しした。またこの漫画は、NBAワシントン・ウィザーズの八村塁をはじめ、新世代の選手たちを生み出す原動力にもなった。

史上最も有名な日本のサッカー選手は、茂野吾郎と同じ架空のキャラクターで『キャプテン翼』の主人公、大空翼だ。この漫画の作者・高橋陽一の出身地、東京葛飾区には、大空翼の銅像が4体も設置されている。

日本とアメリカのサッカーは時を同じくして発展してきた。Jリーグは1993年に、メジャーリーグ・サッカーは1996年に開幕している。歴史的に、アメリカは各ポジションの選手をバランスよくヨーロッパに送り込んできた。一方、日本からヨーロッパに移籍する選手はなぜか攻撃的MFが多い。単なる偶然かもしれないが、これは大空翼のポジションだ。

たしかに、中田英寿はヨーロッパで実績を残したし、19歳の久保建英も大きな将来性を示している。だが、大空翼に匹敵する活躍をした日本人サッカー選手はいない。

しかし、大谷は違う。

大谷が今現実の世界でやっていることは、漫画の世界でも前例がない。

『MAJOR』では、茂野吾郎はサイ・ヤング賞を2回受賞し、ワールドシリーズにも出場している。プロとして投手と打者、両方で活躍したが、二刀流ではなかった。打者に転向したのは、肩を負傷してからだ。

つまり大谷のケースでは、現実がフィクションを上回っている。

ただし、茂野が勝っている点も1つある。彼はメジャーリーグで、もともとの利き腕とは逆の腕でピッチャーをしていた。小学生時代に右肩を痛め、左投手になったのだ。

イラスト：ALYCEA TINOYAN / L.A. タイムズに提供

# 大谷は「スーパースター」を飛び越え、「スーパーヒーロー」の境地へ

ジャック・ハリス　2021年5月23日

そのスイングは力強く、滑らかだ。

その腕からは痺れるようなボールが楽々と放たれる。

今シーズン、大谷翔平はエンゼルスで二刀流という役割を当たり前のようにこなしながら、極めて希なことをやってのけている。

「ここまでのところ、予想を大きく上回っている」とジョー・マドン監督は語った。「打撃でも投球でもだ」

1つの物差しでは、大谷がしていることの凄さは測れない。

打者として、土曜日の試合開始時点でメジャー最多タイの14本塁打を放っている。長打数はメジャートップの26本で、OPS（出塁率＋長打率）は.920、wRC+は155（創出した得点数を表す指標に、球場の違いを補正したもの。リーグ内での打撃の傑出度を表す。リーグ平均が100）だ。

投手としては、防御率2.37は30イニング以上投げた投手ではトップ20に入る数字で、被打率.152と奪三振率13.35はどちらもMLB全体で6位の数字だ。

野球データサイト「FanGraphs」によれば、大谷のWAR（勝利貢献度指数。詳細はP109）は2.0で、アメリカン・リーグ6位。

さらに、チームメイトのマイク・トラウトが長期間ふくらはぎを負傷していることもあり、現在、大谷はア・リーグMVP争いのオッズで1位を獲得している。

個々の試合での活躍ぶりも非常に印象的で、毎晩のようにハイライトシーンが積み重なっている。

シーズン開幕週のシカゴ・ホワイトソックス戦では自身初の「MLBでのリアル二刀流」で出場。7奪三振に加え、特大ホームランを打った。先月はヒューストン・アストロズ戦で8回に440フィート（約134.1メートル）の勝ち越しホームランを放ち、先週のフェンウェイ・パークでボストン・レッドソックスを破ったゲームでは、右翼ファウルポールの内側に飛び込む劇的な決勝弾を放った。

その数日前には、ストライクゾーンを大きく外れたボールを逆方向にすくい上げ、グリーンモンスターをはるかに越えるアーチを描いた。先週ホームに戻ったときにも、胸の高さの速球をスタンドに運んでいた。

現役メジャーリーガーや元スター選手からも賞賛の声が上がっている。ニューヨーク・メッツの投手マーカス・ストローマンはツイッター（現X）で大谷を「人間の姿をした神話的伝説」と呼び、オールスター6回選出のCC・サバシアは「史上最高の野球選手」と絶賛した。チームメイトや監督からも賞賛はやまない。

今季は完璧なシーズンではない。4月には右手中指のマメのため登板をスキップし、前回登板でもクリーブランド・インディアンス相手にいつもの球速が見られず、打者としてはキャリアワーストとなる三振率29.5%を記録している。しかし、シーズンが進むにつれ、二刀流の将来性を巡る疑いの大半は払拭された。

3か月前は、大谷が本当に二刀流をMLBで実現できるのか、疑問の声は多かった。それが今や、彼はスポーツ界最大の注目を集めている。

「彼は一切の制約を望んでいない」とマドン監督は語った。「私は彼のそんなところをとても気に入っている」

・・・

エンゼルスのゼネラルマネジャー（GM）、ペリー・ミナシアンが初めて大谷を直に見たとき、ダン・エバンスはそれを目撃している。大谷が日本でプロ野球のキャリアをスタートさせたばかりで、ミナシアンがトロント・ブルージェイズのスカウト部長、元ドジャースGMのエバンスがブルージェイズのアジア太平洋地域トップ・スカウトだった頃だ。

エバンスはミナシアンら球団幹部に、有望な選手のプレーを収めた動画を大量に送っていた。だがミナシアンは大谷に目を留めると、振り返ってエバンスを見た。エバンスは最近、そのときの会話を思い出したという。

「こんな選手は見たことがない」とミナシアンは言った。

「もう二度と出てこないかもしれない」とエバンスは答えた。「でも、この男は本物だ」

「たしかにそう見える」と、ミナシアンは反応した。大谷が秘めた可能性は、はっきりとわかった。

エバンスは、二刀流に本気で挑戦しようとしている有望な選手がいると聞き、すぐに興味をそそられた。以来、2013年に18歳で

**左ページ：**二刀流選手として、ベーブ・ルースと比較されるのは避けられない。二刀流のスーパーヒーローとしての地位を、大谷は確立できるだろうか？　2024年のドジャースでは、それは叶わなかった。来年は？
ALLEN J. SCHABEN / ロサンゼルス・タイムズ

上：DH として活躍した 2024 年シーズンの大谷は、人々の記憶に打者として刻まれるだろう。ポストシーズンで投手として起用される噂もあったが、実現しなかった。
LUIS SINCO / ロサンゼルス・タイムズ

プロのキャリアを始めた大谷を、ずっと追いかけてきた。

毎年、エバンスは日本に何度か滞在し、そのたびに強い感銘を受けて帰ってきた。「あんな打撃練習をする選手は見たことがない」。大谷は力強いストライドと「無謀なほどの自由奔放さ」で広角に打球を打ち分け、軽々とボールを外野に運ぶ。

「これほど 1 人の選手に惚れ込んだことはなかった。能力が高く、性格も素晴らしい。そしてとてつもない可能性を秘めている。チームの中心になれる逸材だ」

問題は、大谷がフルタイムの二刀流選手になれるかどうかだった。エバンスは信じていたが、MLB のスカウト全員がそうだったわけではない。大谷が日本でプレーした最初の数シーズン、先発登板の前後には休養日が設けられ、打席に立つ回数も制限されていた。

しかし、2016 年に状況は一変する。大谷は投打で素晴らしいスタートを切り、投球日に打席に立つことも増えた。指のマメで数か月、先発登板を回避したときは、指名打者として活躍。シーズン後半に指が治ると、プレーオフでは二刀流として力を発揮し、リーグ MVP に。チームの日本一に貢献した。

「それを目の当たりにして、この男は本物かもしれないと思った」と、そのシーズン、日本ハムファイターズに所属したアトランタ・ブレーブスのリリーフ投手、クリス・マーティンは語った。

ご多分に漏れず、マーティンも「チームに二刀流の選手がいる」と初めて聞いたときは懐疑的だった。

「外国人選手の多くは、『この二刀流の選手はすごいぞ。時速 100 マイルの球を投げて、500 フィートのホームランを打つんだから』と興奮した様子で話していた」とマーティンは回想する。「でも僕は、『ああ、そうだな』と適当に話を合わせていたんだ」

しかしその後、彼は 7 月上旬の試合で大谷が先頭打者ホームランを打ち、8 イニングを無失点に抑えるのを目の当たりにした。チームのクローザーだった彼がプレーオフ中に足首を痛めたとき、大谷はパ・リーグのクライマックスシリーズ優勝を決める試合でクローザーとして登板、NPB 記録となる 165 キロの速球を連発して相手打線を抑え、セーブを挙げた。

大谷は日本シリーズ第 1 戦で先発投手を務めた後、第 3 戦の 10 回にサヨナラヒットを放ち、シリーズ 0 勝 2 敗の劣勢からチームが逆転優勝するきっかけをつくった。

大谷は打率 .322、本塁打 22 本、防御率 1.86 でこのシーズンを終えた。

「彼を見ていたから、2016 年のシーズンはとても楽しかったよ」とマーティンは言う。

エバンスは、大谷の将来に対する確信をさらに深めた。「彼は週 7 日プレーできる。私はそれを疑ったことはない」

• • •

先発はわずか5イニングで終わった。四球は7つ、三振は1つだけ。マウンド上の投手は失点を4に抑え、チームも勝利した。

しかし、1921年6月13日にニューヨークの球場「ポロ・グラウンズ」に集まった約1万2000人の観客にとって、これはベーブ・ルースが見せてきた圧倒的な投球パフォーマンスではなかった。

最近は大谷の話になると、必ずと言っていいほど、野球というゲームを根本から変え、このスポーツ最大級の伝説となった二刀流の神、ベーブ・ルースの名前が出てくる。

しかし、ルースと大谷は単純比較できない。それは2人がプレーした時代が約1世紀も離れているからだけではない。

大谷と違い、ルースは最初から二刀流ではなかった。レッドソックスでの最初の4年間は、主に投手としてプレー。DHがなかったので、登板した日は打席にも立ち、よくヒットを打った。しかし、投手以外のポジションでプレーし始めたのは1918年になってからだ。

その年、ルースはメジャートップとなる11本塁打を放ち、19回試合に先発して防御率2.22を記録。レッドソックスに在籍していた1919年前半までは二刀流としてプレーしたが、そのシーズンの7月以降は、3回しか登板していない。

1920年にニューヨーク・ヤンキースに移籍した後、ルースは外野手に転向。その後の選手生活でわずか4回しかマウンドに立たなかった。代わりに、MLB初の700本塁打打者となった。

「彼は野手への転向を望んでいた」と、ボルチモアにあるベーブ・ルース生誕地博物館のエグゼクティブ・ディレクター、ショーン・ハーンは語る。「それでも、彼の娘によれば、彼は晩年、投手としての記録を最も誇りに思っていた。ルースはヤンキースで何度か投手としてプレーしたが、頻繁にではない」

この1921年のポロ・グラウンズでのルースの登板試合は、最近になり、大谷の影響で注目されるようになった。ルースはこの日、MLBの本塁打ランキングトップの選手としてマウンドに上がった(デトロイト・タイガースを13対8で破ったこの試合で、さらに2本ホームランを追加)。2021年4月26日、大谷はこの日のルース以降初めて、MLBのホームラン・キングとして先発のマウンドに立った選手となった。

「大谷がメジャーに来たとき、ルースの娘は、『父はきっと喜んだはずです』と言った」とハーンは言う。「ルースは誰かに追いかけられるのが好きだった。記録は破られるためにあると感じていた。こんなに長い年月が経って、実際に記録を破る人が現れるのは喜ばしいことだ」

ルース以降、MLBの登録選手に二刀流選手は実質的にいなかった。アフリカ系アメリカ人中心のニグロリーグに“ダブル・デューティ(二役)”の異名を持つテッド・ラドクリフ(投手と捕手の兼業)など少数の例があった

**上:**大谷は腕の大手術を2度も受けている。ドジャースからは先発ローテーション入りを期待されている。ピッチャーとしての感覚を取り戻さなければならないのは間違いないが、どんな試練にも対処できると証明してきたのが大谷だ。
GARY CORONADO / ロサンゼルス・タイムズ

が、それは数世代前の話だ。

何より大谷自身の経歴が、この挑戦の難しさを裏付けている。日本最終シーズンとなった2017年は、足首の怪我で5試合しか登板せず、オフシーズンに手術を余儀なくされた。

エンゼルス1年目の2018年シーズンは、開幕から2か月は二刀流でプレーした（ただし現在よりもスケジュールは緩やかで、前半63試合中43試合のプレー）が、その後肘を怪我し、最終的にトミー・ジョン手術が必要になった。

2019年は打者に専念したが、膝の問題に悩まされ、3年連続で手術を受ける。2020年には、2試合に先発した後で腕を負傷し、投手としての出場を断念。打者としても精彩を欠き、パンデミックで60試合に短縮されたこのシーズン、自己最低打率の.190に終わった。

・・・

「昨年、彼が投げるボールを見て、マウンド上ではもっといいボールを投げるのだろうと思った」とエンゼルスの監督として2年目を迎えたマドン監督は語った。「だけど、どれくらいいいのかは想像もつかなかったよ」

バントヒットや盗塁でも観客を熱狂させる――大谷を取り巻くフィーバーぶりはさらに高まっている。

「簡単そうにプレーするので、誤解されがちなんだ」とエバンスは語った。「じっくり観察し、かつ専門家的な視点も持っていないと、彼の本当の凄さはよくわからない」

・・・

二刀流ができるだけの潜在的な能力を備えた選手は、たくさんいるだろう。

このことを最近理論化したのが、MLBの投手や打者数十名を指導するシアトルの専門トレーニング施設「ドライブライン・ベースボール」のスタッフだ。この夏、同センターは数名の選手を対象に、その理論を本格的に研究する予定だ。

「カギは回転だ」ドライブラインの投手部門ディレクター、ビル・ヘーゼルは、大谷に限らず、二刀流のスキルにとって大切なのは体を効果的に回転させることだと言う。「たとえば、下半身と上半身をうまく連動させて体を素早く回転させられれば、強い打球を打てる」

ヘーゼルは、二刀流を実現するには、とてつもないスキルと労力が必要になると語った。「どうスイングするかの判断が優れていること、ボールをバットに当てる技術が高いこと、リーグ平均以上の変化球を投げられることなど、様々な能力が必要だ。こうした細かなスキルや能力を併せ持っていなければ、二刀流はできない。本当に大変なことだよ」

華々しい成績や活躍シーン、賞賛の陰で、大谷はシーズンを通してこうした困難と闘っている。そのスキルをフィールドで発揮するには、無数の小さな課題を達成していかなければならないのだ。

それをよく理解する大谷はこの冬、MLBのキャリアで初めて完全に健康な身体で迎えたオフシーズンを利用して、二刀流に復帰するための心身の準備を行った。

まず、下半身の筋力強化に取り組んだ。昨年の打撃不振の原因は下半身にあると考えたからだ。バイオメトリック分析と科学的トレーニング法を駆使するドライブラインを訪れ、投球動作とスイング、両方の改善に取り組んだ。

春季キャンプに参加するためアリゾナ州テンピに到着したある日、水原一平通訳（当時）と共に、マドン監督とエンゼルスのミナシアン新GMの提案で、話し合いの場を持った。ミナシアンとは初対面だった。

彼らが大谷に伝えたメッセージはシンプルで、シーズンに入った今も変わっていない。彼らは、大谷がこれまで課せられていた「プレーの制限」をなくしたかった。密にコミュニケーションを取り、体への負荷を管理し、その能力を信頼することで、前人未到の挑戦に大谷が万全の態勢で取り組めるようにしたかったのだ。

マドンとミナシアンは、フルタイムの二刀流選手として活躍する大谷の姿を見たがっていた。

「彼には、我々がこの問題にどう取り組みたいと思っているか、日々どんなコミュニケーションがしたいかを伝えた。自分で主体的に考え、責任を持って行動してほしいということも。我々と大谷の考えは一致した。今皆さんが目にしている良い状況も、この話し合いのおかげだと思っている」とマドン監督は語った。

「彼はこれからもますます良くなっていくだろう。重要なのは、彼に万全の状態を保ってもらうこと。あとは、何かが起きたときに必要に応じて対処していけばいい。今、彼はとても集中していて、やる気に満ちている。それが去年との大きな違いだ」

**右：**チームメイトを指差すのは、良い兆候だ。エンゼル・スタジアムでのタンパベイ・レイズ戦、大谷翔平がチームメイトに人差し指を向ける。
ALLEN J. SCHABEN / ロサンゼルス・タイムズ

asics
ANGEL
17

ANGELS: FINAL CHAPTERS エンゼルスでの最終章

# 「一番になる」という目標を持つ大谷は、エンゼルスに残る?

ディラン・ヘルナンデス　2021年11月18日

大谷翔平は、その質問を聞いて頷き、「目標ですか?」と日本語で聞き返した。

そして、こちらに聞こえるほどの音を立てて息を吸い込み、下を向いた。

「野球をやっている以上、No.1の選手になりたいと思うのは当然だと思います」

大谷は続けた。「野球では、何をもってNo.1とするかを測るのは簡単ではありません。だから難しいところではあるのですが、ファンや周りの人から『一番だ』と言われるのが、選手にとって一番嬉しいことだと思います。そういう選手になれるように頑張ります」

4年前、東京での記者会見のときの発言だ。当時、彼はまだエンゼルスと契約していなかった。彼と契約したがっているMLB球団の関係者と面会すらしていなかった。わかっていたのは、メジャーリーグでプレーするために海外に移籍することだけだった。

大谷は、自分がこれから足を踏み入れようとしている世界についての詳細は知らなかったかもしれない。だが、自分がどこへ向かおうとしているのかは、常に理解していた。

今日では、ファンから同僚選手まで、誰もが彼を「世界最高の選手」と呼んでいる。

木曜日に大谷がア・リーグのMVPに選ばれたことで、この評価は正式なお墨付きを得た。

満場一致での選出だった。全米野球記者協会の30人の投票者が全員、大谷に1位票を入れた。

大谷は喜びながらも、野球界のナンバーワン選手になるという野望を実現できたとは感じていないと語った。

「そう感じる日が来るとも思っていません。それはもっと漠然とした、大きな目標だからです。でも具体的なゴールがないからこそ、今後も努力を続けられると思います」

大谷は、自らが思い描いた通り、二刀流選手としてこの賞を獲得した。

大谷の高校時代の恩師である花巻東高校の佐々木洋監督は、当時10代だった大谷にアメリカではなく日本でプロのキャリアを始めるよう説得しようとして、日本ハムファイターズの幹部が言った「これまで誰もやったことのないことに挑戦してみないか」という言葉を引用し、この世界的に有名な教え子の考え方を説明した。

だから彼は、日本でプレーしていた大谷が、いきなりドジャースやヤンキースのような有名球団と契約することはないと予測していた。その予測は正しかった。大谷はエンゼルスを選んだ。

二刀流の選手であることは、大谷のこうした先駆的な精神を何よりも物語っている。

大谷を投手兼打者として育てようというアイデアは、ファイターズのものだ。この実験的な試みは、当初、多くの批判を招いた。

そのため、日本のトップ選手となってMLBに移籍する準備ができたとき、大谷は二刀流を続けるのは、ファイターズに恩を返すためでもあると語った。

「これは自分だけの問題ではない、と感じている部分はあります」と大谷は語った。

メジャー4年目を迎えた大谷は、新たな壁も感じていた。

シーズン前にエンゼルスが、これまでスケジュールに組み込まれていた休養日をなくすことを打診したとき、大谷はそれを引き受けたいと答えた。そして「これである程度結果が出なければ、自分のしていることを考え直さなければならないと思います」とも伝えた。

つまり、二刀流選手として結果を出せないなら、フルタイムの打者になるしかないと考えていたのだ。実際、怪我のために過去3年で12回しか先発登板できていないこともあって、打者に専念することが彼にとって最善だと考える野球界の人間は多い。

勝負のシーズンとして始まった今季は、結果的に歴史的なシーズンになった。打者としてはメジャー全体で3位となる46本のホームランを放ち、投手としては9勝2敗、防御率3.18という目覚ましい成績を残した。

プレッシャーを感じたことがパフォーマンス向上につながったのかと尋ねられ、大谷は「うーん……どうでしょう」と答えた。

「プロになってから、(二刀流であることが)100%受け入れられた環境にいたことはあり

**左ページ:** 大谷翔平を二刀流にするというアイデアは日本ハムファイターズのものだった。大谷はアメリカに来たとき、二刀流に挑戦させてくれた古巣チームには恩義があると語った。
ALLEN J. SCHABEN / ロサンゼルス・タイムズ

右：エンゼルスに入団した大谷翔平は、ワールドシリーズ優勝は間違いなく将来の目標の１つだと語った。だが周知の通り、エンゼルスではその目標に近づけなかった。その目標を叶えるには、もっと高レベルのチームに移籍するために「フリーウェイ」を渡る必要があった〔訳注：エンゼルスとドジャースの対戦は、両チームの本拠地を繋ぐ州間高速道路５号線に由来する「フリーウェイ・シリーズ」と呼ばれている〕。
ALLEN J. SCHABEN / ロサンゼルス・タイムズ

右ページ：2020年のオープン戦前に、バッティングケージを見つめる大谷翔平。十分な能力があれば二刀流の選手になれることを、証明してみせた。ドジャースは来年以降、再びマウンドに戻る彼がどんな活躍をするかを知りたがっている。
KENT NISHIMURA / ロサンゼルス・タイムズ

ません。批判は常にありました。でも正直、彼らが間違っていることを証明したいという気持ちはありませんでした。純粋に、自分がどれだけできるか見てみたかったのです。そのためにベストを尽くせたのは、良かったと思います」

では、次は何を目指すのか？

大谷の将来を予測するには、過去を振り返ることが役に立つ。ヒントはそこにある。

４年前、日本記者クラブでの会見で、大谷はワールドシリーズで優勝することへの意欲を尋ねられた。

「世界一の野球選手を目指す人間としては、通過しなければいけない場所だと考えています。それは野球選手の究極の目標だと思います。ぜひ経験したいです」

木曜日、大谷はエンゼルスが好きで、長くこのチームでプレーしたいと語った。しかし彼は今年、優勝候補ではないチームでプレーすることへの不満も口にしている。あと２シーズンプレーすれば、大谷はフリーエージェントの資格を得る。

大谷は自らのキャリアに何を望むか、はっきり認識している。エンゼルスの課題は、そのビジョンの実現を支援できると彼を説得することだろう。

TOYOTA

# アナハイムで過ごした「大谷タイム」、大谷は最高レベルでプレーする能力を高めた

ディラン・ヘルナンデス　2023年9月16日

大谷翔平は今、「所属」という意味においてのみ、エンゼルスの選手だ。

エンゼルスは土曜日、腹斜筋を負傷した大谷を15日間の負傷者リストに入れた。これでもう、彼は今季、試合に出ない。ワールドシリーズ終了の翌朝、29歳の大谷は正式にフリーエージェントになる。

本人がよく言うように、勝利を優先するなら、彼は来年、他チームでプレーするだろう。エンゼルスに在籍した6年、大谷はプレーオフに一度も出場していない。チームが5割以上の勝率でシーズンを終えたことも一度もなかった。

だからといって、大谷がメジャーのキャリアをエンゼルスで始めたことが間違いだったわけではない。アナハイムでの時間が無駄だったわけでもない。

6年前、日本を離れる際に大谷は「世界一の選手になるためにメジャーリーグに行く」と公言していた。実際、その通りの選手になった。その大きな理由は、エンゼルスを選んだことにある。

大谷とマイク・トラウトを擁するチームが一度もポストシーズンに進めなかったのは残念だ。だが大谷がこのチームで過ごした期間を「完全な失敗」と見るべきではない。弱小チームであるエンゼルスにいたことは、大きなメリットももたらした。それは日本の東北出身の若者が、MLB屈指の強打者になり、トップクラスの投手にもなったという、前例のない3年間を見ればわかる。

「チームにとって過去最高の3年間ではなかったかもしれないが、彼が最高の3年間を過ごしたのは間違いない」とミナシアンGMはエンゼル・スタジアムで記者団に語った。

他のチームに所属していても、大谷は野球界のトップに上り詰めたかもしれない。彼の才能はそれほど優れている。だが、現在とまったく同じ結果にはならなかっただろう。

バッターボックスとマウンドの間を楽々と行き来する選手を目の当たりにしたときの衝撃は、この3年間で徐々に薄れてきた。しかし同時にこの期間は、大谷の二刀流選手としての能力が疑問視されていた時期でもあった。

彼は日本のプロ野球で最高の打者だった。だが、メジャーリーグでも打てると誰もが確信していたわけではなかった。メジャーでも打てることが証明されると、疑いの視線はピッチングへ。専門家たちは、野球界屈指の打者が、投手を兼ねることで再び肘を痛めるリスクを冒すことを疑問視した。

他のチームなら、彼を徐々に投手に専念させようとしたかもしれない。あるいは、2017年に肘の内側側副靭帯を初めて損傷して回復に苦しんでいた彼を、打者に集中するよう説得したかもしれない。

だが、エンゼルスはそんなことはしなかった。このチームは大谷と同じくらい彼のビジョンに忠実だった。試合には勝てなくても、エンゼルスは大谷の考えを尊重した。彼にとって大きな意味があったはずだ。

エンゼルスは、大谷が個人として持つ目標を達成できるよう、あらゆるチャンスを与えた。それに、彼が想像した「以上のこと」ができるよう促した。

エンゼルスでの最初の春季キャンプを、大谷は打率.125、防御率27.00という低調な成績で終えた。他のチームならマイナーに送られていたかもしれない。しかしエンゼルスは彼を開幕ロースターに登録。その後、大谷はア・リーグ新人王を獲得した。

肘の再建手術から回復中の大谷は、2019年シーズン、登板することはなかった。2020年にマウンドに復帰したが、わずか2回の先発で、再びこのシーズンで投げることを断念。それでもエンゼルスは、大谷を打者に専念させようとはしなかった。

むしろ、エンゼルスは大谷の仕事量を増やした。ミナシアンGMとマドン監督は2021年のシーズン前に、登板日前後の休養日はもう設けないと大谷に伝えた。彼らによると、大谷は二刀流選手としての出場機会が増えることに興奮した様子だったという。実際には、大谷はこの展開に若干の戸惑いも感じていた。結果次第では今後、投手または打者のどちらかに専念せざるを得なくなるかもしれないと思ったからだ。

エンゼルスの動機が何にせよ、この方針変更で、大谷は自分が思っていた以上のことができる手ごたえを得た。この2021年、シーズンMVPを獲得。2023年の今年も、再び受賞するかもしれない。

しかし、すべてが計画通りに進んだわけで

**左ページ：**大谷翔平は世界最高の野球選手になりたかった。すでにそれは達成されたと言う人もいる。一方で、投手を続けることが（投げては休み、を繰り返しても）、大谷が史上最高の野球選手として認められることにつながると信じる人もいる。
WALLY SKALIJ / ロサンゼルス・タイムズ

**右：**エンゼルス時代、投手としては怪我に悩まされた。ドジャースでの投手としてのキャリアはこれから始まる。大谷が真の二刀流選手かは、時が経てばわかるだろう。
MICHAEL DWYER / AP通信

はない。

大谷が18歳で入団した北海道日本ハムファイターズは、ダルビッシュ有がアメリカに移籍し、チーム再建の真っ最中だった。そんななか、大谷とファイターズは共に成長した。大谷が本格的な二刀流選手になった頃、ファイターズは優勝争いをするチームになった。ファイターズは大谷を中心にして戦い、2016年、日本一に輝く。

メジャーリーグでも、大谷には、本格的な二刀流選手になるために時間が必要だった。だがエンゼルスはファイターズと違い、彼と共に強くならなかった。大谷が野球界最高の選手になった後も、ファーム（下部組織）のシステムが弱く、「チーム年俸の大半を数人の有力選手に集中させる」アルテ・モレノ球団オーナーの方針のために登録選手の力量に差が生まれ、チームを強くしたいエンゼルスのスタッフと選手の努力は妨げられた。

大谷と他の選手の実力差は、チーム内のパワーバランスを揺るがした。時間が経つにつれ、エンゼルスは大谷にノーと言えなくなった。大谷は約2週間前に腹斜筋を痛めるまで、毎試合出場することを訴えていた。チームが大谷をうまくコントロールできなかったことが、彼の負傷の一因となった可能性は十分にある。エンゼルスと大谷の関係は、一

**左：**アメリカに来てから145個も盗塁を決めている大谷のユニフォームが、泥で汚れているのは珍しいことではない。中でも群を抜くのが、ドジャースで2024年シーズンに記録した59個の盗塁だ。
ROBERT GAUTHIER / ロサンゼルス・タイムズ

区切りを迎えたように思える。

ミナシアンGMは、大谷は来年の開幕戦に間に合わせるために、右肘の内側側副靭帯損傷の修復手術をまもなく受ける予定だと語った。大谷は来年、おそらく他チームのユニフォームを着るだろう。2025年以降も再び二刀流で活躍するために必要なサポートを与えてくれるチーム、体調を管理するための知恵を与え、彼を守るための対策を講じてくれるチーム、そしておそらく最も重要な点である、優勝のチャンスがあるチームに。

論理的に選べば、ドジャースが移籍候補の筆頭だろう。大谷がボストン・レッドソックスに親近感を持っていると考えるMLB球団の幹部もいる。ニューヨーク・ヤンキースやメッツ、サンフランシスコ・ジャイアンツ、テキサス・レンジャーズ、シカゴ・カブスも候補に挙がっている。

ミナシアンは、大谷が「長く」アナハイムに留まってくれることを望んでいると語った。エンゼルスは大谷との再契約を試みるだろう。

現実的に考えれば、エンゼルスは大谷のキャリアをこれ以上向上させられるチームではない。だがこのチームは、それまで「どんな選手も到達できない」と予想されていた場所に、彼が到達するのを助けてきた。これは意味のあることだ。

SHOHEI OHTANI
2022 Angels
Most Valuable Player

# 大谷、ア・リーグMVPを満場一致で2度獲得した初の選手に

サラ・バレンズエラ　2023年11月16日

今シーズンの大半、大谷翔平にとって最大のライバルは大谷自身であるように見えた。「二刀流」に影響する怪我でシーズンは中断されてしまったが、それでも彼が2度目のアメリカン・リーグMVPを獲得するのを止めることはできなかった。

「投打のバランスが良かったと思います」と大谷は木曜日に放送された「MLBネットワーク」で日本語で語った。「高いレベルでそれができたと思います。唯一の後悔は、最後までプレーできなかったことかもしれません」

大谷は、全米野球記者協会が授与するこの賞を満場一致で受賞した。2位はテキサス・レンジャーズのコーリー・シーガー、3位は同じくレンジャーズのマーカス・セミエンだった。

2021年に初めてMVPを受賞し、2022年2位に終わった大谷は、史上初となる2度目の満場一致でのMVP選出で、ア・リーグMVP、プレーヤーズ・チョイス・アワード、2度目のシルバー・スラッガー賞も受賞して今シーズンを締めくくった。

「記念すべき1年、そして当然のMVP受賞、おめでとう」と、ア・リーグMVPを3度受賞したエンゼルスの外野手マイク・トラウトは木曜日にポストした。

「誇りに思うよ、兄弟！」

大谷はエンゼルスでの2023年シーズンも、自らの限界に挑み、野球選手の可能性を押し広げ続けた。

その並外れた挑戦の成果は、7月にデトロイトで行われたタイガースとのダブルヘッダーで最高潮に達する。先発投手として登板した1試合目で初の完封試合を達成し、2試合目ではホームランを2本放った。8月21日の時点で、ブックメーカーの大半は、ア・リーグMVPのオッズを取り下げた。大谷が圧倒的な本命と目されていた。シーズン終了間際には、チームメイトや元監督のフィル・ネビンもMVPは大谷と確信していた。

「ショウヘイで決まりだ」と9月に新人の遊撃手ザック・ネトは語った。「今年も満場一致で選ばれないわけがない」ネビンは付け加える。

この年、大谷は超人的な能力を示す一方で、脆さも露呈した。8月23日の試合で右肘の内側側副靭帯を損傷して投球を断念し、9月4日の打撃練習中には右腹斜筋を傷め、DHとしても出場がかなわなくなった。

大谷はこの2023年シーズンを、投手として23回先発登板し（132イニング）、10勝5敗、防御率3.14、被打率.184、奪三振167で終えた。このうち13回の登板で、自責点は1以下だった。

シーズン最後の先発登板時点で、被打率はMLB1位、ア・リーグの投手部門7つでもトップ10にいた。防御率（3位）、WHIP（1.06、4位）、空振り率（30.9%、2位）、9イニング当たり奪三振率（11.39、2位）、勝率（.667、5位）、勝利数（8位）だ。

打者としては、44本塁打、出塁率.412、78長打でア・リーグのトップに、長打率.654、OPS（出塁率＋長打率）1.066でMLB全体トップに立っていた。盗塁も20個決め、今季、40本塁打の大台には最初に到達した。

先発投手として出場した3試合でサイクルヒットにあと1本と迫り、MLB全体で圧倒的トップとなるWAR（勝利貢献度指数）10.1でシーズンを終えた。

数字を詳しく見ると、大谷は今季メジャーリーグで本塁打34本以上、三塁打6本以上を打った唯一の選手であり、しかもそれを3年連続で達成している。また、複数シーズンで投手として10勝以上を挙げ、10本以上の本塁打を打った唯一の選手でもある。ベーブ・ルースも一度だけ、1918年にそのようなシーズンを経験している。

FAになった大谷は、オフシーズンの残りを2度目のトミー・ジョン手術からの回復とリハビリに費やすことになる。2度目のトミー・ジョン手術（1度目は2018年）を担当したニール・エラトラッシュ医師は、大谷は2024年シーズン開幕時には指名打者になれるし、2025年には投げることもできるようになるだろうと語った。

「怪我の状態は徐々に上向いています」と大谷は語った。「前回よりもスムーズに進んでいると感じます。順調に来シーズンを迎えられそうです。慌てたくはありません。来シーズンまでに、プレーできる状態にしておきたいです」

大谷は授賞発表の放送後、テレビ会議でメディアインタビューに答える予定だった。だが予定されていた30分間のセッションの残り3分（予定開始時刻から27分経過）の時点で、テレビ会議の参加者たちは「本人の手に及ばない事情」のため大谷は参加できないと知らされた。

大谷は件のMLBネットワークの放送には参加したものの、8月9日以降はほとんどのメディアからの質問に答えていない。

---

**左ページ：**エンゼル・スタジアムでの授賞式で、ニック・エイデンハート賞（チーム最優秀投手賞）とエンゼルスのチームMVPのトロフィーを掲げる大谷翔平。大谷はこの2022年に受賞できなかったア・リーグMVPを、2021年と2023年に獲得している。
RINGO H.W. CHIU / AP通信

LIFE ON THE BANDWAGON　バンドワゴンな日々

# 「彼は私の人生を変えた」――大谷を取材する記者たちの日常

サラ・バレンズエラ　2023年3月21日

柳原直之の生活は大谷翔平を中心に回っている。

大谷が自身のインスタグラムに何か投稿すれば、柳原はそれについて書く。大谷が試合や練習でどこかに移動すれば、柳原もそこに行く。春季キャンプ中、大谷がアリゾナ州テンピの施設にまだ到着していないとき、柳原はそこで待っている。

日本のスポーツ紙「スポーツニッポン」の記者である柳原は、大谷が北海道日本ハムファイターズに入団した2013年から彼を取材している。

アメリカに住んでいるわけではない。自宅は東京にある。1年の半分を東京で妻と9か月の子どもと過ごし、残り半分はアメリカでのホテル暮らしだ。

「毎日、妻に電話やテレビ電話をします」と彼は言う。「夜の7時か8時頃。日本では昼の時間帯です。いつも時差ボケに悩まされています」

これが、メジャーリーグで活躍する国内最大のスター選手を取材する日本人スポーツ記者の生活だ。2017年12月に大谷がエンゼルスと契約して以来、大谷が出場するほぼ全試合と春季キャンプを毎日取材してきた彼のような記者は数十人いる。

エンゼルスで今シーズンに何が起こるかにもよるが、FAとなった大谷が他チームと契約したり、シーズン終了前に移籍したりした場合、柳原を含む数十人の記者たちは大谷を追って他の都市に移動しなければならなくなる。

「大谷選手は私の人生を根本から変えました。毎年、連日のように彼を追いかけなければならないので」

日本での大谷人気は、メジャー在籍12年のうち約7年をドジャースで過ごした野茂英雄を上回る。メジャー18年超のシーズンの大半をシアトル・マリナーズで過ごした、あのイチロー・スズキ以上とも言えるだろう。

大谷は、日本が生んだ野球史上最大のスターなだけではない。彼の世界的な影響力が、そのことを証明している。

「彼は日本のアイドルであり、アイコンなのです」と柳原は言う。

ここ2年間、同じく日本の中日新聞で大谷を担当してきた阿部太郎も、「非常にハンサムでクール。まるでポップスターです。だから私たち記者にとって、動画や写真を撮ることも重要な仕事です」と語る。

大谷は日本のビヨンセなのか？　阿部と、日本のスポーツ紙「東京スポーツ」の記者・青池奈津子は、この質問に疑わしい表情を浮かべた。

おそらく、日本では大谷のほうが人気があるからだ。

・・・

日本では、野球選手の取材方法がアメリカと違う。記者は、クラブハウス以外のあらゆる場所への出入りが認められている。

選手との人間関係は、球場の外で築かれる。取材のために、選手が使う駐車場近くのロビーで待機することもある。選手をよく知るために、選手やその家族と夕食に行くこともある。

特定の選手とこうした人間関係を築くことに成功した記者は、チーム事情に詳しいアメリカの野球記者と同じように、専門知識があると見なされる。

柳原はそういうタイプの記者だ。所属先の新聞からは大谷の記事をたくさん書くことを求められている。去年は大きな一面記事を53回も執筆した。日本のスポーツ記事は短く要点だけを伝えるものが多く、1つの記事が数文程度のこともある。

2019年6月に大谷がサイクルヒットを打った日には、柳原は3面分の記事を書いた。

「朝の9時まで書き続けたんです。本当に大変でした。12時には球場に行かなければならないので、眠れたのは3時間だけ」

今年の春は、大谷が日本代表としてワールド・ベースボール・クラシック（WBC）に参加したため、柳原はいつもより長めに東京で過ごした。今後は、WBCの準決勝を取材するためにマイアミへ飛ぶ予定だ。大谷と侍ジャパンがWBCを終えた後は、春季キャンプ取材のためにテンピに戻る。大谷が行くと

**左ページ**：たしかに大谷翔平がドジャースと契約したのは大きな出来事だ。それでも、ドジャー・スタジアムでの入団記者会見に集まったこの報道陣を見てほしい。しかも、これはカメラマンだけだ。大谷は、報道を新たなレベルに引き上げている――特に、母国の日本において。
WALLY SKALIJ / ロサンゼルス・タイムズ

上：「このカメラマンたちはみんな、ほぼ同じ写真を撮っているのでは？」と疑問を抱いたことはないだろうか。実際、そうなのかもしれない。テンピ・ディアブロ・スタジアムでの春季キャンプ中、連日見られた光景。
ROBERT GAUTHIER / ロサンゼルス・タイムズ

ころが、柳原がいる場所だ。
「もちろん大変です」と柳原は野球記者であることについて語った。「家族が恋しい。でも、野球記者は私の夢の仕事なんです」
　シーズン中、日本の記者やカメラマンの一団は、試合前のルーティンから、ただ歩いたり、チームメイトと冗談を言い合ったりする様子まで、大谷のあらゆる姿を撮影している。
　春季キャンプ中も同じだ。大谷の車が駐車場に乗り入れる様子を撮影するために、テンピの施設を見下ろす丘に登るカメラマンもいる。
「私は、“野球の取材記者は、先に球場に来て選手を待ち、選手たちが去るまで球場にいなければならない”と教わりました」と青池は丘に設置したカメラについて説明する。青池は主に東京スポーツのコラムニストとして活動しているが、フリーランスとして大谷を取材し、日本の他メディアに記事を提供している。
「その日、選手が無事に健康な状態で球場に到着したことを確認するために、その映像を撮らなければいけません。だって、道中で何かトラブルがあるかもしれないし、遅刻するかもしれませんから」
　選手がいる限り記者が球場や施設に留まることは、日本文化におけるリスペクトとプロ意識の表れともいえる。
　この光景は、1995 年の野茂以来、MLB に登場した日本人スター選手の周りでいつも見られてきた。
「日本から大勢メディアが来たが、彼らは（アメリカの）メディアのルールを知らなかった」と、野茂が移籍してきた当時、ドジャースの広報担当だったグレース・マクナミーは語った。彼女は現在、エンゼルスの広報部でコミュニケーション・マネジャーを務めており、大谷の取材にやって来る日本メディアへの対応をサポートしている。
「私たちにとっても学びの多い経験でした。メディアリストを作成し、各チームやメジャーリーグ機構に送らなければなりませんでした。クラブハウスの規則など、文書を日本語に翻訳する必要もありました」
　彼女によれば、昔と、現在の大谷のケースの最大の違いは、コミュニケーションの方法にあるという。たとえば野茂の時代は、インタビューの依頼や調整はファックスやハガキ、電話で行われた。今では、グループ・チャットで手短なメッセージを送信すれば、インタビューの時間やスケジュール関連の情報を伝えられる。

・・・

　阿部記者や青池記者のように大谷を取材する日本メディアの多くは、大谷以前にもスター選手を追ってきた。青池は 2007 年からアメリカに住み、日本テレビの記者として松井秀喜を取材。その後はヤンキース在籍時のイチローや、ドジャースに 4 年在籍した前田健太を取材した。

左：大谷翔平を追いかける記者の群れは、ロサンゼルスだけに留まらず、遠征もする。シアトルでの試合前、大谷の一挙手一投足に注目する記者とカメラマンの一団。
TED S. WARREN / AP通信

「ケンタの取材経験は、ショウヘイのときに役立ちました」と青池は言う。「ショウヘイがメジャーに移籍して以来、突然ショウヘイがすべての中心になり、毎日（球場に）行くように言われました」

青池はアメリカに移住して以来、年に一、二度、オフシーズンのピークである1月に日本に帰っている。とはいえ、今ではすっかりアメリカでの生活に馴染んでいる。家族は日本に住んでいても、彼女はアメリカでの暮らしのほうが落ち着ける。それに、大谷の取材という大きな仕事もある。

すでに他界した母は、大谷がエンゼルスに入団した2018年、膵臓がんを患っていた。青池が病院で母親を見舞ったとき、病院のテレビで大谷の試合を見ている人たちがいるのを目にした。

「ショウヘイが彼らにとってどれほど大切な存在か、そのときの私はよくわかっていませんでした」と青池は言う。「私には、野球ファンではないけど、ショウヘイを応援している友達もいます。ショウヘイは日本人に感動を与えています。だから私はその義務はなくても、日本の人たちにショウヘイの物語を伝えたいのです」

それでも、疑問は残る。なぜ日本の記者やカメラマンは、大谷の取材にこれほど人生を捧げるのか。

その答えは、意義や使命感だ。

「（大谷が）活躍する前、これは私にとってただ一生懸命に頑張るだけの仕事でした。でも今は、（大谷の記事を読むことで）一日を良い気分で過ごせるような、そんなストーリーを伝えたいと思っています」と青池記者は語った。

OHEI
TANI
LA
SHO
OHTA
Dodgers
17

IT'S TIME FOR DODGER BASEBALL　新天地ドジャースへ

# 信じられない！　新時代のベーブ・ルース、大谷翔平がドジャース加入

ビル・プラシュケ　2023年12月9日

Shohei Ohtani is a Dodger.――大谷翔平がドジャースの一員になる。

言葉にするだけでゾクゾクする。耳にするだけで声を上げたくなる。見れば見るほど、信じられなくて何度も確認したい気持ちになる。

大谷翔平がドジャースの一員になる。大谷翔平がドジャースの一員になる。大谷翔平が……そう、彼がおそらく残りの輝かしい野球人生をここでまっとうするために、5号線から101号線へと車を走らせ、スタジアム・ウェイまでやって来るのだ。

新時代のベーブ・ルースが、ドジャースの一員になる。

「大谷がドジャースの一員になる」と書き出せば、"嘘じゃないんだ"という気分になる。読めば、"すごいことが起きた"と実感できる。想像するだけで、来年の春が待ち遠しい。

ドジャースの3番打者。ムーキー・ベッツとフレディ・フリーマンの後、マックス・マンシーとウィル・スミスの前に打席に入る……背番号17……大谷翔平！

野球界のユニコーンが、ドジャースの一員になるのだ。

これは現実だ。本当に起きたことなのだ。ドジャースはエンゼルスや他チームとの争奪戦に勝ち、野球史上初めて「満票MVP」を2度受賞した選手を獲得した。土曜日、大谷は10年7億ドルの契約に合意した。

大谷がドジャースと契約――その言葉を7億回繰り返しても、まだうまく想像できない。

これはアメリカのプロスポーツ史上最高額の契約であり、平均年俸7000万ドルは野球史上最高額だ。

ドジャース史上最も大きな注目を集めたフリーエージェント契約で、1996年にNBAのレイカーズがシャキール・オニールを獲得して以来、ロサンゼルスのスポーツ史上最大のFA契約でもある。

それでも、大谷にはこの契約額を上回る価値がある。

広告収入とスポンサーの増加だけでも、ドジャースにとって大きなメリットがある。契約を発表した瞬間に、「ドジャースはもう元を取った」と試算する人もいる。もちろん、チーム成績の面でも大谷はドジャースに価値をもたらすだろう。大谷は過去3シーズン、野球界屈指の打者、屈指の投手として、100年以上前のベーブ・ルース以来、誰も達成できなかった偉業を何度も繰り返してきた。

野球史上最高の二刀流選手であり、野球史上最高の選手とも言える大谷は、これから青のユニフォームでその輝きを放つことになる。

彼は打ち、投げ、感動を与え、球団に利益をもたらす。彼は素晴らしい。

そのうえ、とても謙虚な人間だ。土曜日のインスタグラムで、長く待ち焦がれ、期待されていたドジャースとの契約について発表した投稿を見ても、それがよくわかる。

「常にチームのために最善を尽くし、最高の自分になるために全力を尽くすことを誓います。選手生活最後の日まで、ドジャースのためだけでなく、野球界のためにも前進し続けたいと思っています」

大谷がこの言葉通りの選手であることを、エンゼルス・ファンはずっと前から知っている。ドジャースのファンが大喜びしているのと同じくらい、彼らが今絶望し、悲しんでいたとしても無理はない。エンゼルスのファンは6年間、熱烈に大谷を応援してきた。だが彼は「勝利」を望んだ。大谷は、2014年以来プレーオフに出場していないエンゼルスを去る。エンゼルスのフロントは、大谷がチームを出ることが見えていた過去2年、大谷をトレードに出して低迷する球団を立て直すことを拒み、事態を悪化させた。そして今、事実上何の見返りもなく、彼を失った。

7月に30歳になる大谷は、数シーズンにわたってファンを熱狂させてきたが、2023年シーズンの活躍には目を見張るものがあった。

打者として、27試合を欠場しながらも、もしドジャースにいればチームトップとなる44本のホームランを放った。

投手としての132イニング、167奪三振も、どちらもドジャースのトップになれた数字だ――肘の負傷で最後の1か月は登板せず、後に2度目のトミー・ジョン手術を余儀なく

**左ページ：**パリやミラノのファッションショーのスターさながらに、野球界のランウェイを歩く大谷翔平。世界――少なくともメディア――は、7億ドルという最高額の契約をチームと交わしたドジャースの新メンバーを歓迎した。
WALLY SKALIJ / ロサンゼルス・タイムズ

右：2024 年シーズン、ドジャースではマウンドに立たなかったが、大谷翔平はおそらく野球史上最高の二刀流選手だ。今年はエネルギーと才能をバッティングに集中させ、それが奏功した。
JASON ARMOND / ロサンゼルス・タイムズ

右ページ：大谷翔平は入団記者会見で「常にチームのために最善を尽くし、最高の自分になるために全力を尽くすことを誓います」と語った。
WALLY SKALIJ / ロサンゼルス・タイムズ

されたにもかかわらず。

ドジャースは今、1 着のユニフォームを身にまといながら、チーム最高の打者と最高の投手になり得る選手と契約した。肘の手術からの回復のために来シーズンは投球できないが、ドジャースが提供する、腕のリハビリのサポートや練習メニューは優れていることで有名だ。1 年後、再び二刀流でプレーできる状態になっている可能性は十分ある。この巨額の投資が真の効果を発揮するのは、そのときだ。

大谷 1 人の打撃力だけでは、ドジャースを優勝させることはできない。だが彼がいれば、2023 年のプレーオフでアリゾナ・ダイヤモンドバックスに 3 連敗したときのような、上位打線のベッツとフリーマンがシリーズ合計でわずかヒット 1 本に終わるような事態は避けられるだろう。

大谷 1 人の右腕だけでも、ドジャースを優勝させることはできない。だが 2025 年に彼が先発ローテーションに加われば、ドジャースは過去 2 年の 10 月のように、ボロボロの先発陣でプレーオフに臨まずにすむだろう。

彼のような二刀流選手が加わることは、チームにとって攻守両面で大きなプラスになる。さらにドジャース球団本体も、「大きな勝利」を手にできるはずだ。

ここ数年、ドジャースは MLB が定めている一定の年棒総額を超えたチームが支払わなければならない課徴金を気にして、選手に支払う年俸総額を抑え気味にしてきた。だが今、再びドジャースらしく振る舞っている。

つまり、メジャーで最も裕福なチーム、最も派手なチーム、自らの能力とブランドを最大限に高めたい選手にとって理想的な移籍先になる、豪勢なチームだ。

たしかに、ドジャースにはポストシーズンで失速するという恐ろしい癖がある。それでもプレーオフの常連であり、大谷はようやく大きな舞台で活躍できることになるはずだ。

大谷は、アナハイム時代と違い、ドジャースではプライベートでも多くスポットライトを浴びることになるだろう。とはいえ昨年の WBC 決勝戦前の感動的なスピーチとその後のパフォーマンスを見れば、実は世間の注目を楽しんでいるようにも思える。

大谷にとってドジャースは理想的なチームであり、ドジャースにとって大谷は理想的な選手だ。それは完璧な組み合わせで、彼の加入は、南カリフォルニアの高速道路すべてに影響を及ぼす大渋滞のように、私たちの五感すべてを刺激する。

大谷翔平がドジャースの一員になる？
大谷翔平がドジャースの一員になる！

Dodgers
GUGGENHEIM
BASEBALL
LA
Dodgers
17

Dodgers
LA
17

# 大谷翔平の契約がフィールド内外にもたらすもの

ビル・シャイキン　2023年12月15日

大谷翔平と野球史上最高額の契約を結んだドジャースは、本当にその契約額を超える利益を手にできるのだろうか?

ドジャースのスタン・カステン球団社長は微笑んだ。ドジャースが木曜日の記者会見で大谷を紹介した後、彼は「ドジャースはこの契約だと元が取れないのでは?」という疑問の声を否定した。

「これはドジャースにとって、フィールド内外で良い取引だ」とカステンは語った。

ドジャースは歴史的に日本との関わりが深い。オマリー家がオーナーを務めていた時代の1956年に日本で親善試合を開催したこともあるし、オールスターにも選ばれた野茂英雄もこのチームで活躍した。

「世界で最も人気のあるスター選手とドジャースのブランドが組み合わさることで、大きな相乗効果が見込める」とカステンは語った。「これは野球界全体にとっても良いことで、ドジャースにとっては特別に良いことになる」

具体的に考えてみよう。

1枚あたり346.99ドルもする大谷のユニフォームは、飛ぶように売れている。オンライン販売も絶好調だ。ドジャースはこれで大儲けしているのでは?

違う。ライセンス商品(ユニフォームやTシャツ、キャップなど)の収益はMLB全30チームで均等に分配される。だから、大谷のユニフォームの売上から受け取る額は、エンゼルスもドジャースも同じだ(例外的に、ドジャー・スタジアムと南カリフォルニアおよびラスベガスのドジャースのクラブハウス・ストアでの売上は、ドジャースが大きな分配で収益を受け取る)。

誰もが大谷のプレーを見たがっている。特に、日本では。ドジャースは、日本の放送局に放映権を売ることで莫大な利益を得るのではないだろうか?

これも違う。MLBが国際放送権を管理しており、収益はまたも30チーム間で均等に分配される。

チケット代は変わる?　家族でドジャー・スタジアムに試合を見に行けるだけの手頃な価格になりそう?

ドジャースは他チームと同様、ダイナミック・プライシングを採用している。そのためチケット価格はシーズンを通して同じでなく、需要に基づき変動する。つまり大谷のプレーを見たい人が増えれば増えるほど、チケット価格は高くなる。

「幅広い価格帯で需要と供給を一致させることに関して、我々には優れた実績がある」とカステンは言う。「それは今後も変わらない」

木曜の記者会見から数時間後、ドジャースはファンに「イッツ・ショータイム(It's Sho Time)」とメールを送り、今シーズンのダグアウト・クラブ席の年間シートを最高11万1840ドルで提供すると伝えた。先週末、大谷がドジャースとの契約を発表した後、ホーム開幕戦の立ち見席のチケットは900ドル近くで販売された。

しかし、もともと入場者数が多いため、ドジャースがチケット販売で上積みできる利益は限られている。ドジャースは昨シーズン、メジャー最大規模の収容人数を誇るスタジアムで平均9割近い観客を集めた。大谷が入団したからといって、観客数を倍増できるわけではない。

ドジャースはチケットやグッズ販売で収入を上げられるかもしれないが、ある元MLB球団幹部は本紙に「スポンサー収入に比べればわずかな額にすぎない。すべてはスポンサー収入次第だ」と語った。

これはどういう意味か?

「日本企業や、日本に商品を販売するアメリカ企業の多くが、ドジャースとドジャー・スタジアムを宣伝に利用しようとしている」とシカゴに本社を置くスポーツコープ社のマーク・ガニス社長は述べた。

その代表格は、選手が着るユニフォームに貼る、ユニフォーム・パッチを用いた広告だ。

「これは一流企業にとっても、まだ名前をあまり知られていない日本企業にとっても魅力的な広告媒体だろう」とガニスは言う。「世界に自社の名をアピールする最高の方法だ」

NBAのロサンゼルス・レイカーズとMLBのニューヨーク・ヤンキースは、それぞれ年間約2500万ドルでユニフォーム・パッチのスポンサー契約を販売している。ドジャースも大谷の加入で、同等の契約ができるかもしれない。

ドジャースには他にも大きなスポンサーシ

**左ページ:** 3月28日のセントルイス戦前、ラインナップが発表され、ダグアウトに向かって歩く大谷翔平。自身と、おそらくドジャースに莫大な金額をもたらすマーケティング戦略やマネタイズ戦略の中心でもある。
WALLY SKALIJ / ロサンゼルス・タイムズ

右：子どもが無邪気にサインを求めるのは、野球界の古き良き伝統だ。10歳のクリスチャン・ブジャンド君が、アリゾナ州グッドイヤーの春季キャンプの試合で、大谷にサインをもらうという夢を叶えようとしている。
ROBERT GAUTHIER / ロサンゼルス・タイムズ

ップのチャンスがある。

スタジアムのネーミングライツだ。ドジャースは長年、ドジャー・スタジアムの命名権を売ろうとしてきた。たとえば本田技研工業と契約して、「ホンダ・フィールド・アット・ドジャー・スタジアム」とスタジアム名を変えることができる。

どんな名前になっても、地元ファンが「ドジャー・スタジアム」以外で呼ぶことはないだろう。それでも日本とアメリカの観客は、毎投球、毎ホームゲーム、毎シーズン、ホームプレートの後ろに表示される企業名を目にすることになる。

2017年、ドジャースは同球場のネーミングライツ権をシーズン当たり1200万ドルで売り出したことがある。大谷が加入した今、2000万ドル以上に跳ね上がる可能性がある。

「ドジャースはスポンサー契約の面で、大きな強みを得た」とロサンゼルスを拠点とするイノベーティブ・パートナーシップ・グループのジェフ・マークス社長は語る。

「ユニフォーム・パッチとネーミングライツが利用できるようになり、これらにかつてないほどの高値をつけられるだろう」

この2つのスポンサー契約だけで、ドジャースは大谷に払う実質的な平均年俸4600万ドル（後払いやインフレ率などを踏まえて換算）を回収できる。他にも収益を得るチャンスはあるだろうか？

ある。エンゼルスは球場のネーミングライツを売らなかったし、地元の建築資材会社と交わした昨シーズンのユニフォーム・パッチ契約料もたいした額ではなかった（これは主に、大谷がシーズン終了後もアナハイムに留まると誰も約束できなかったため）。それでも、エンゼルスは大谷関連のスポンサー契約で年間1000万～2000万ドルを稼いでいる。

ドジャースは新規のスポンサー契約や、現行のスポンサー契約の期限切れに伴う更新

**左：**アリゾナでの春季キャンプ中、メディア向けのプレシーズン写真撮影を行う。
ROBERT GAUTHIER / ロサンゼルス・タイムズ

料の引き上げによって、さらに稼げるだろう。

木曜日の大谷の記者会見時、後ろに設置されたボードには、ドジャースのオーナーグループ「グッゲンハイム・ベースボール」のロゴが入っていた。適切な価格で販売すれば、大谷のインタビュー中に見えていたこのグッゲンハイムのロゴを他の企業ロゴに置き換えることも可能だろう。

また、MLBの規定によりドジャースは毎年4600万ドルの繰延金を確保することが義務付けられているが、チームはそれを球団会長マーク・ウォルターが経営する金融サービス会社で、約3000億ドルの投資資産を運用するグッゲンハイム・パートナーズに投資することで、利益を得られる。

ドジャースは、大谷、ムーキー・ベッツ、フレディ・フリーマンに対し8億5000万ドルの支払いを負っている。ウォルターはチームの株を売ることで、この分の現金をつくるのだろうか？

「その計画はない」とカステンは語った。

とはいえ、チームの価値が上がれば、ウォルターはチームの株の一部を売却して利益を得ることができるだろう。

ドジャースのアンドリュー・フリードマン編成本部長は木曜日の記者会見で、「我々には、日本の野球ファンにドジャー・ブルーのファンになってもらうという目標がある」と語った。実現すれば、ドジャースのブランドは国内外でさらに高まるに違いない。

「今、世界中でよく目にするのは、ニューヨーク・ヤンキースのキャップだ」と前述のスポーツコープ社のガニス社長は言う。「ドジャースのキャップの『L.A.』のロゴが世界中で、特に日本と韓国でもっとたくさん見られるようになるかもしれない」

タイミングよく、大谷とドジャースは2024年3月20日のサンディエゴ・パドレスとの開幕戦を、韓国・ソウルで迎える。

スポーツ情報サイトのスポーティコは昨年、ドジャースの価値を52億ドルと評価した。大谷が加入する前の試算だ。この価値でも、ドジャースはたとえばチームの株の5%を少数株主や投資ファンドに売るだけで、2億6000万ドルを用意できる。

ドジャースは木曜日、ある少数株主のために、ブランドン・ゴメスGMのすぐ隣の最前列の席を予約した。

また、新規事業計画の実行を担当する「グローバル・パートナーシップ」のために、優先席を20席確保している。

MOST VALUABLE PLAYER
AMERICAN LEAGUE
BBWAA
EST
1908

# 「私を信じてくれた」大谷がMVPスピーチでエンゼルスとドジャースに感謝

ホルヘ・カスティージョ　2024年1月28日

ニューヨーク――ドジャースと契約してから1か月以上が経ち、春季キャンプが始まるわずか3週間前の土曜の夜、大谷翔平は2023年のアメリカン・リーグMVPを受賞し、エンゼルスでの在籍期間にピリオドを打った。

第99回全米野球記者協会ニューヨーク支部晩餐会。ナショナル・リーグMVPのロナルド・アクーニャ・ジュニアやナ・リーグのサイ・ヤング賞に輝いたブレイク・スネルらメジャーリーグの他の受賞者たちと共に、壇上に立った。その夜、大谷はダークブルーのベルベットのスーツに黒のドレスシャツ、蝶ネクタイという出で立ちで、長年の通訳である水原一平（当時）の隣に座った。

大谷を紹介する予定だった俳優のウィル・フェレルが、イベント数日前にスケジュールの都合で辞退。代わりに、ヒューストン・アストロズの監督を退任したばかりの元ドジャースのスター外野手、ダスティ・ベイカーが大谷を紹介し、観客の笑いを誘った。

その後、大谷が2分間のスピーチをすべて英語で読み上げた。

「エンゼルスのオーナー、フロント、すべてのスタッフ、この6年間ありがとうございました。皆さんのサポートと、私が情熱を注ぐこのスポーツをプレーする機会を与えてくれたことに感謝しています。チームメイトやコーチは、常に助け、励ましてくれました。皆さんのサポートを、毎日ありがたく感じていました」

「私を信じてくれたドジャースに感謝します。私はこれからも前に進んでいきます」

11月にア・リーグMVPに選出され愛犬と一緒に受賞番組に出演した29歳の大谷は、MLB史上初めて満場一致でMVPを2度受賞した選手となった。2021年に初めてMVPとなった二刀流のスターは、2023年3月に日本をワールド・ベースボール・クラシック優勝に導いた直後、二刀流として再び歴史的な活躍を見せ、再度この栄誉を獲得した。

大谷は、135試合に出場し、打率.304、44本塁打を記録。出塁率.412はア・リーグトップ、長打率（.654）、OPS（出塁率＋長打率、1.066）、OPS+（OPSの傑出度を測る数値。リーグ平均を100とし、大谷は184）、すべてのWAR（勝利貢献度指数）で両リーグトップだった。

投手としては、8月に肘を負傷するまで23回の先発登板で132イニングを投げ、10勝5敗、防御率3.14の成績を残した。9月に2度目のトミー・ジョン手術を受け、大谷自身は閉幕。エンゼルスは、プレーオフ出場を9年連続で果たせずにシーズンを終えた。

大谷は怪我のため2024年はマウンドに立てないと見られているが、それでもドジャースは先月、歴史的な10年7億ドル（同じく記録的なことに6億8000万ドルが後払い）で大谷と契約した。マイク・トラウトのチームメイトとして6シーズンを過ごした彼はこれから、チームメイトのムーキー・ベッツやフレディ・フリーマンと共にMVPを争うことになる。そしておそらく、ついにメジャーリーガーとして初めてポストシーズンに出場することになるだろう。

以下は土曜夜の大谷のスピーチの内容だ。

「いつも私たちを歓迎してくれる全米野球記者協会（BBWAA）の皆さん、素晴らしいイベントを主催していただき、ありがとうございます。

私に投票してくれた記者の方々、権威ある賞をいただき、光栄です。投票してくれたすべての方々に深く感謝します。

エンゼルスのオーナー、フロント、すべてのスタッフ、この6年間ありがとうございました。皆さんのサポートと、私が情熱を注ぐこのスポーツをプレーする機会を与えてくれたことに感謝しています。

チームメイトやコーチは、常に助け、励ましてくれました。皆さんのサポートを、毎日ありがたく感じていました。

そして私を信じてくれたドジャースに感謝します。私はこれからも前に進んでいきます。

世界中のファンの皆さん。私だけでなく、メジャーリーグをサポートしてくれていることに感謝します。

日本の皆さん。絶え間ない、情熱的な応援が、私のプレーの支えになっています。

今夜ここにいる代理人のネズ・バレロと、彼の妻のリズをはじめとする私のサポートグループ。（代理人事務所の）CAA、そして、いつもそばにいてくれた水原一平。

最後に、私の家族と友人たちに。みんなに感謝しています。ありがとうございます」

**左ページ：**ア・リーグMVP受賞スピーチで、大谷翔平は代理人や球団関係者、友人、家族、水原一平通訳に感謝の意を表した。彼は近い将来、このうちの1人に大変な事態が起こるとは思ってもいなかった。
MARY DECICCO / MLB（ゲッティイメージズ経由）

OHTANI
17

# オーーーータニ！　ドジャースの新スターがデビュー戦でホームラン！

ビル・プラシュケ　2024年2月28日

テキサス州フェニックス――観衆が息を呑んだ。

目の前で起きていることは、現実なのか？

退屈な砂漠の午後が、突然、目もくらむような、信じられない騒々しい祝福の時に変わった。

これは現実だ！

ドジャースのユニフォームを着ての初試合。それまで凡退していた大谷翔平が、真昼の青空高く打球を打ち上げた。ボールは左翼フェンスに設置された空軍州兵の広告の後ろの、芝生エリアに落下した。

まさに最初から、「ベーブ・ルース」だった。

これは現実だ。これが彼だ。大谷はこの一発でたちまち大きなドラマをつくり上げ、火曜日の午後、アリゾナのキャメルバック・ランチでドジャース・ファンに挨拶をした。ゾクゾクする。

5回2アウト、シカゴ・ホワイトソックスのドミニク・レオーネ投手との対戦で、前の2打席で三振とダブルプレーに終わっていた大谷は、2アウト、2ストライクからツーラン・ホームランを打ち、春季キャンプデビューを飾った。

冗談だろう？

さあ、準備をして、大勢のファンと共に歓声を上げよう。野球界最高の選手が、正式にドジャースにやって来たのだ！

「一番良かったのは、予定通りに試合に出て、試合を終えられたことです」と控えめな大谷は日本語でそう語った。

彼は昨秋の肘の手術からの回復の途中だ。そのため今シーズン、投球はできない。だが、打撃に関しては？　どうやら問題なさそうだ。

彼がホームランを打ったとき、私は息を呑んだ。それまで、今日は退屈な午後だと思っていた。彼のデビュー戦は失敗に終わると思われた。第一打席、身動きできず見逃し三振。第二打席、初球を内野ゴロ。私は彼の総年俸7億ドルをネタにしたジョークを書こうと思っていた。

だが、大谷はたったの一振りで空気を変えた。

「素晴らしい」とデーブ・ロバーツ監督は語った。「彼のキャリアには、重要な瞬間がいくつもあった。その度に、いつも凄まじい力を発揮する。これからも同じような光景を目にできるだろうね」

実は、もしバットがボールに触れなかったとしても、大谷はすでにこの日、勝利を収めていた。

試合前、ファンは大谷が球場に入る姿を一目見ようとレフト側の席を埋め尽くしていた。「Shohei！　Shohei！」と叫ぶ者もいた。大谷のユニフォームを着ている人も多かった。全員がスマートフォンを手にしていた。

本塁打を放った直後に交替し試合を離れた後も、歓声は鳴りやまなかった。このホームランは新聞の見出しを飾っただけでなく、9対6でのドジャースの逆転劇のきっかけにもなった。

「たくさんの人が観に来てくれて、歓声も大きかった」と大谷は振り返った。

フィーバーしているのはファンだけではない。

試合後の記者会見では、大谷の前に密集していた大勢の報道陣のうち1人のカメラマンが大きな音を立てて椅子から倒れ、会見がしばらく中断された。

このキャンプ地で午後を過ごせば、その熱狂ぶりがよくわかる。大谷にとってドジャースは単なるチームではなく、大きな「舞台」だ。彼はすでにそのオーラと自信に満ちた振る舞いで新たなファンを魅了している。

「グラウンド内での彼の才能と彼への視線、グラウンド外のメディアからの注目度。こういったものが、チーム全員のレベルを引き上げてくれるだろう」とロバーツ監督は語った。

「ここまで準備に取り組んできたんだ。今日、興奮しないわけにはいかないよ」

火曜日、午前8時35分にロッカールームに大谷が入ってきた瞬間、私の「大谷体験」が始まった。すぐに、2つのことに気づいた。

第1に、彼がとてつもなく巨大であること。足は木の幹のように太く、肩幅もものすごく広い。

第2に、誰も彼を見ていないこと。

クラブハウスには選手へインタビューするために記者が数十人集まっていた。だが最大のスター選手は、まるで彼のロッカーの周りにだけ「目に見えない壁」があるかのようにスルーされている。

実際、その壁はあった。大谷は、特定の

**左ページ：**ドジャースでの初試合でホームランを放つ。オープン戦ではあったが、大谷翔平がボールをフェンスの外に運んだとき、ドジャース・ファンは大きな興奮と期待を覚えた。特別な何かの始まりだ。
ASHLEY LANDIS / AP通信

**右：**シカゴ・ホワイトソックスとのオープン戦。ドジャースでの初ホームランを打った大谷翔平の伸ばした指が何を意味していたのかは、正確にはわからない。いずれにしても、2024年シーズン中、ディノ・エベル三塁コーチにとって、この光景はお馴染みのものとなった。
ASHLEY LANDIS / AP通信

時間にのみ記者に話すことになっている。原則的にいつでも記者と話せる他の選手とは違い、代理人のネズ・バレロが承認しない限り、話すことができないのだ。

彼がここにいるのは試合に勝つためであり、記者の質問に答えるためではない。彼に質問できないのは野球界にとっては残念だが、ファンはそれを気にしていないようだ。この春、キャメルバック・ランチでは毎朝、どこからともなく叫び声のようなものが聞こえてくる。ただ球場に向かう大谷を見た人たちの声だ。

大谷のスケジュールは公表されていないが、彼がどこにいるかはすぐにわかる。一目彼を見ようとする何百もの人が、大挙して移動するからだ。

ドジャースは火曜日に驚きの打順を発表した。大谷はムーキー・ベッツとフレディ・フリーマンの後の3番打者ではなく、その間の2番だった。「大谷体験」は続く。ドジャースは大谷がフリーマンをカバーするのではなく、フリーマンが大谷をカバーするほうが良いと判断したようだ。

「この2人の打者のDNAを見ると、ショウヘイはフレディよりも自由なバッティングをす

**左：**アリゾナでの春季キャンプ中、ファンがチーム（と選手）のグッズに夢中になるのに時間はかからなかった。
DARRYL WEBB / AP通信

る」とロバーツ監督は語った。
「彼の後ろにフレディのような選手がいれば、ショウヘイを歩かせないように、相手ピッチャーがストライクゾーンにボールを投げる確率が上がるだろう。フレディが控えていることで、ショウヘイは勝負させてもらえるんだ」
大谷は、2番が自分に合うかどうか確信が持てない様子だった。これまでの彼に関するあらゆることと同様、これは注目すべき展開になるだろう。
「実際に打席に立ってみるまでわからないですね」と彼は言った。
「僕の前にムーキーがいて、後ろにフレディがいる。その後にも良いバッターが続きます。どうなるか楽しみです。1打席ずつ研究して、調整していきます」
ベッツ、フリーマン、大谷のビッグスリーがどんな打順で配置されようとも、ドジャースのラインナップが壮観であることに変わりはない。元MVP3人が連続して打席に立ったのは歴史上12回しかなく、レギュラーシーズンではこの28年間、一度も起きていない。
「大谷、フリーマン、ベッツが続けて打席に立てば、誰だってワクワクするさ」とロバーツ監督は語った。
この興奮は、火曜日、春先ながら秋を予感させる一発で自己紹介したドジャースの新人によってさらに高められた。
大谷翔平が来た。彼の新しい挑戦は始まったばかりだ。

LA

# 影響力の新時代。「1本の動画」で国を超えてスターになる大谷翔平

ディラン・ヘルナンデス　2024年3月12日

大谷翔平は、マイク・トラウトとの再会について詳しくは語らなかった。

「普通です」彼はドジャースの春季キャンプ場での、元チームメイトたちとの再会について日本語でそう語った。

トラウトや他のエンゼルスの選手たちが、ドジャースとの10年7億ドルの契約を祝福してくれた。トラウトとは、お互いの家族のことを尋ね合った。それだけだ。

だが、実際は「それだけ」ではなかった。そのときの実際の様子が、エンゼルスのインスタグラム・アカウントの動画で明らかになった。

動画では、バッグを肩にかけたトラウトが、笑顔で大谷に向かって歩く様子が映っている。「相棒！」トラウトは呼びかける。

大谷とトラウトが右手で固く握手し、引き寄せ合って抱擁する。そのまま1分ほど笑顔で談笑し、その後でお決まりの写真撮影に応じた。

よく、「1枚の写真は、千の言葉に値する」と言われる。では、1本の動画の価値は？複数の画像を連続して表示するGIF形式のファイルには？

大谷の場合、こうした動画や画像が、彼を単なる野球選手からさらなるスターへと変貌させる――母国以外でも。

大谷は公の場では英語を話さず、アメリカのファンにメッセージを伝えるときは通訳を介す。

日本語でも慎重に話す。記者とのやりとりに目立ったものはない。彼が好んで言うように、「普通」だ。

大谷は、元ボクシング・ヘビー級チャンピオンのモハメド・アリのように、挑発的な言葉を雄弁に語ったりはしない。

しかし、言葉で語らなくても、彼の存在は野球というスポーツの枠を超えて広がっている。SNSのコンテンツが、彼が言葉で語らないことを代わりに伝えているからだ。

大谷は野球界初のデジタル時代のスーパースターだ。彼のイメージは、過去6年以上にわたってインターネット上に拡散された動画やGIF画像、写真によって形作られている。

たとえばトラウトとの再会の動画からは、元ア・リーグMVP同士の2人の間に本物の温かな友情があることが伝わってくる。

トラウトが大谷を見たときの反応や、別の動画に映る他の選手たちとの様子は、大谷がいかにチームメイトに愛されていたかを示す証拠だ。

大谷は、通訳なしで元チームメイトたちとコミュニケーションをとっていた。

かつては、大谷のようにプロとして競技に打ち込み、かつプライベートを大事にするアスリートは、まるで「ロボット」のように見られた。だが今では、彼に遊び心があり、気立ての良い人間であることを世界中の人々が知るチャンスが転がっている。

メジャーリーグで初めて大谷の動画がバズを起こしたのは2018年、エンゼルス1年目の序盤だった。メジャー初ホームランを打ち、ダグアウトに戻った大谷は、チーム全員に無視された。これは「サイレント・トリートメント」と呼ばれる、メジャーでよくみられる、新人選手への洗礼の儀式だ。チームメイトにずっと背を向けられる中、大谷は腕を上げて1人で初本塁打を祝う。やがて、彼はたまらず背後からイアン・キンズラーを抱きしめ、飛び跳ねて一緒に喜び始めた。すぐにチームメイト全員が笑顔で大谷を取り囲んだ。

大谷はたちまち人気の被写体になった。それは彼がプレーで活躍していたからだけではない。笑顔が爽やかで、表情豊かだったからだ。

スランプに陥ったときに冗談でバットに心肺蘇生をする様子、自分を三振に打ち取った相手ピッチャーの記念ボールへのサインに応じる様子、ベンチでボールを使った芸を披露する様子、ゴロをキャッチして一塁の前で走者に立ちはだかり、ダグアウトのほうを指差して「あちらへどうぞ」と仕草する様子など、大谷のコミカルで愛らしいGIF画像がいくつもネットを賑わせた。

大谷の闘争心を表す動画もあった。三振を奪った後に叫ぶ大谷。ホームランを打った直後にバットを放り投げる大谷。得点した後にガッツポーズする大谷。

2023年のワールド・ベースボール・クラシック決勝戦の前、大谷はチームを鼓舞するスピーチをした。その動画は日本代表チームの広報によって公開され、大谷が偉大な選手であるだけでなく、リーダーでもあることを世

**左ページ：**大谷翔平は偉大だが、この広告ペイントもとてつもなく巨大だ。ドジャースの新たなスーパースターの絵画を、ファンが上から見下ろす。
ROBERT GAUTHIER / ロサンゼルス・タイムズ

界に知らしめた。

こうした舞台裏での大谷の飾らない姿をとらえた瞬間は、大谷がドジャースに入団して以来、さらに多くの人の目に触れるようになった。ドジャースのインスタグラムのフォロワーは380万人、Xのフォロワーは240万人いる。エンゼルスのインスタグラムのフォロワーは130万人、Xは130万人だ。ドジャース・ファンを公言するインフルエンサーが多いことも、大谷の動画や画像の拡散をさらに加速させている。

ドジャースはこれらのSNSを活用して、7億ドルの個性的な二刀流選手の魅力をすでに伝えている。

チームは春季キャンプ開始時に、大谷が外野手のテオスカー・ヘルナンデスに背後から近づき、その肩に顎を置くシーンから始まる20秒の動画を投稿した。

「みんなに挨拶してくれ」とヘルナンデスはスペイン語で言った。「ブエノス・ディアス（おはよう）」

大谷は真剣に「おはよう」を意味するそのフレーズを繰り返し、微笑んだ。

ヘルナンデスは大谷にもう一度この言葉を言うように促し、最後に「ファナティコス」という単語を追加した。

「ファナティコ？」大谷は尋ねた。

「ファナティコス」とヘルナンデスは言った。「ファンの皆さんという意味さ」

「ファナティコ？」

「ファナティコス」

「ブエノス・ディアス、ファナティコス」と大谷は言い、にっこりと微笑んだ。

ヘルナンデスは山本由伸にもカメラを向け、「ヤマ」と呼びかけ、同様のメッセージを伝えるよう指示した。

「さあ」と笑顔のヘルナンデスは言った。「ブエノス・ディアス」

大谷は、その日初めて実戦形式での打撃練習をした後、記者団の質問に答えた。だがこの質疑応答よりも、ヘルナンデスとの20秒の動画でもっと多くのこと、とりわけ彼自身について語っていた。そして、多くのファンを獲得した。

**右**：今年チームに加入した日本人スターは大谷翔平だけではない。ドジャースは、日本のエース山本由伸投手とも契約した。ドジャース加入1年目、ポストシーズンで存在感を示した。
ROBERT GAUTHIER / ロサンゼルス・タイムズ

**左：**大谷翔平はデジタル時代最初の野球界のスーパースターと言えるだろう。インターネット上のあらゆる場所に、彼の動画やGIF画像、写真がある。
ROBERT GAUTHIER / ロサンゼルス・タイムズ

Dodgers
LA

# 大谷翔平の「神秘性」、ドジャースの未来をどう変える?

ジャック・ハリス　2024年3月13日

「You got him.」(あなたは彼をつかまえた)

これは2023年12月9日正午頃、大谷翔平の代理人ネズ・バレロがドジャースのアンドリュー・フリードマン編成本部長に伝えたメッセージだ。

近年の野球史上最大級のフリーエージェントの物語に終止符を打つ、3語の言葉。

ドジャースの輝かしい歴史の次章を作るであろう、魔法の3語。

ドジャースは長年、ベーブ・ルース以来約1世紀ぶりに出現した二刀流スターとの契約を夢見てきた。この冬は何か月もかけて、ア・リーグMVPを2度獲得した大谷に、ロサンゼルスのチャベス・ラヴィーン地区にあるドジャー・スタジアムを本拠地とするチームの一員になってもらうべく、戦略を練ってきた。

12月初旬、ネット上の憶測やメディアの不正確な報道(代表例は、大谷がトロントに向かうプライベート・ジェット機に乗ったという誤報)が相次いだとき、大谷を逃す可能性が現実味を帯び、ドジャースの「揺るがぬ自信」が試された。

「まるで選挙結果速報を見ている気分だった」と球団社長のスタン・カステンは回想する。「誰も何も知らなかった。だから、家でテレビやXを見たりするしかなかった。本当に何も知らなかった」

そしてMLB球団関係者が一堂に会する毎年恒例のウインターミーティングが終わった土曜日の午後、大谷のトロント行きの噂が最高潮に達した翌日、大谷の代理人ネズ・バレロは、ドジャースに大谷本人の決断を伝える準備ができた。

バレロは、フリードマンに電話をかけた。フリードマンは、息子のサッカー大会を見るため、オレンジ郡のサッカー場にいた。駐車場に停めた車の中で、ドジャースが獲得を狙っていた別の選手とのZoom会議を終えようとしたそのとき、フリードマンの電話が鳴った。

「ついに(大谷の決断を知らせる連絡が)来たと思った。でも確信はなかった」とフリードマンは最近、ドジャースの春季キャンプ施設、キャメルバック・ランチのオフィスで振り返った。「Zoomを切ってiPadを片付け、車のドアを開けてグラウンドのほうに歩きながら電話に出た」

聞こえてきたのは、すべてを変える3語だった。「You got him.」バレロはフリードマンに告げた。「なんだって?」フリードマンは聞き返した。「あなたは大谷を獲得した」とバレロは繰り返した。「ショウヘイはドジャースに行く」

その日から3か月、ドジャースはこの現実が意味するものを急速に思い知る。

ドジャースは、大谷との契約によって球団への関心が飛躍的に高まることを予想していた。海外メディアや地元ファン、野球界のあらゆる方面から注目が集まるだろう、と。

だが、オフシーズン中の大谷フィーバーの激しさや、開幕前から新しいファンにこれほど愛されるなんて想像できなかった。

「こんなことは始めてだ」とカステンは、大谷に対するファンの反応と、彼の加入が球団にもたらした注目の高さについて語った。「我々の予測をはるかに上回っている」

・・・

ドジャース公認の歴史家マーク・ランギルは、チーム史上最も象徴的な選手たちについて考えるとき、定義の難しい、唯一無二の共通点を思い浮かべる。

「頭に浮かぶ言葉は"神秘的"だ。そんな雰囲気を持つ選手は、私が思いつく限り数人しかいない」

たしかに、ジャッキー・ロビンソンには神秘的な雰囲気があった。ロビンソンは黒人選手としてブルックリン・ドジャースでメジャーリーグに存在した人種差別の壁を打ち破っただけでなく、オールスターに7回出場し、1949年にはMVPを受賞、1955年には球団初のワールドシリーズ優勝にベテラン内野手として貢献し、その大きな功績が称賛されている。

サンディ・コーファックスも同様だ。サイ・ヤング賞3回、防御率1位を5回、ワールドシリーズ制覇4回の成績を残し、30歳の若さで引退するまで、ロサンゼルス時代〔訳注:ドジャースは1883年にニューヨークで創設され、1958年にロサンゼルスに本拠地を移した〕初期のチームを代表する名投手として活躍した。

「コーファックスは、ファンにとって一生に一度の選手だ」と、ランギルは伝説のアナウンサー、故ビン・スカリーの言葉を引用した。「彼がサンディで『特別な選手』というカテゴ

**左ページ:**ドジャースには、何かを成し遂げた大谷翔平にチームメイトがヒマワリの種を投げる新たな儀式が誕生した。この最大の恩恵を受けているのは、長年MLBにヒマワリの種を提供しているノースダコタ州のスナック菓子会社、ジャイアンツ・スナックス社だ。
GINA FERAZZI / ロサンゼルス・タイムズ

リーを生んだことに、私はいつも感銘を覚える」
ロビンソンやコーファックス以降も、ドン・ドライスデールやドン・サットンなどの殿堂入り投手から、1980年代の英雄オーレル・ハーシュハイザー投手やおそらく最も有名なフェルナンド・バレンズエラ投手まで、ドジャー・スタジアムでは数々の選手がスーパースターの地位を獲得した。

現役のスーパースターには、ドジャースの2020年ワールドシリーズ制覇や前例のない10年以上連続のポストシーズン進出を支えたクレイトン・カーショウがいる。

そして契約から3か月しか経っていない今、大谷はすでにその可能性を秘めている兆候を見せており、フィールド上での才能以外でもファンを熱狂させている。

「今、私たちが大谷を通して目にしているのは、まさに往年のスーパースターに見られたものだ」とランギルは言う。「誰もが、なぜ彼に惹かれるのか、違った形で表現する。誰もが興奮しているが、その理由は様々だ。だから私は“神秘性”という言葉を思い浮かべる。それは定義できないものだ」

実際、チームに加入してまもない大谷がドジャースにどんな影響を与えたか尋ねれば、答えは人それぞれ違うだろう。

選手たちは、29歳の大谷が世界的な注目を集めていることに驚いている。特に驚きなのが、この春のドジャースのキャンプ地に大挙して訪れた報道陣（そのほとんどが日本人）だ。

「日本の文化、日本人の野球愛、日本人にとっての大谷の存在。そんなことを誰かと話すのは、実に素晴らしいことだ」とカーショウは語る。

「彼には、間違いなく神秘性やオーラがある」とクローザーのエヴァン・フィリップスも言う。「だからこそ多くの注目が集まっているんだ」

ドジャースの他のメンバーは、春季キャンプに集まった観客のとてつもない多さに目を見張る。大谷がグラウンドから別の練習グラウンドに向かって歩くだけで、観客はその姿を一目見ようと7億ドルの契約を結んだこの選手を全力で追いかける。

「室内に入ってくる彼には、存在感がある。“これがショウヘイだ”という雰囲気があるんだ」と、大谷のエンゼルス新人時代にも三塁コーチを務めたディノ・エベル同コーチは言う。

このいきなりの大谷人気を一番よく知るのは、ドジャースの商品・マーケティング部門かもしれない。

球団社長のカステンによれば、スタジアム内のショップでは、大谷のグッズが売り切れになっている。地元ファンも背番号17のユニフォームやTシャツを欲しがっているし、大谷との契約以来、日本人ツアー客も大勢球場に押し寄せている。

オンライン販売も絶好調で、リーグのグッズ製造会社ファナティクス社は「需要に応えるべく」奮闘している、とカステンは語った。

「シーズン序盤は乗り切れると思う」とカステンは言う。「だが、できるだけ早く補充しないと。とにかく売れに売れているからね」

大谷はチケット販売にも同様の影響を及ぼす。3月28日に開催されるドジャースのホーム開幕戦のチケット価格は、2度のMVPに輝いた大谷が12月に契約したことを受けて急騰した。5月に行われるボブルヘッド人形のプレゼントデーなど、大谷関連のプロモーション日のチケット価格も急騰している。

「スポーツ界を見渡しても、大勢の客を呼べる選手はわずかしかいない」とカステンは言う。「NBAのマイケル・ジョーダンやレブロン・ジェームズもそうだし、NFLにもそんな人気クォーターバックがいるだろう。でもショウヘイには違う何かがある。キャンプの彼を見るためだけにここに来る人もいる。これはとてつもなく稀なことだ」

歴史家ランギルによれば、こうした特別な何かが、大谷を取り巻く高い注目をさらに「独特」なものにしている。

大谷は、ドジャースがそれ以前に獲得したムーキー・ベッツやフレディ・フリーマンのようなスター選手と同様、フィールドで影響力を発揮するだろう。

加えて、彼の控えめな態度や、今春に予想外の結婚を発表した際に起きた衝撃に象徴される慎ましい私生活は、コーファックスやカーショウにファンが抱いたのと同じような好奇心をくすぐる要素だ。

“

**「室内に入ってくる彼には、存在感がある。**
**“これがショウヘイだ”という雰囲気があるんだ」**

**三塁コーチ　ディノ・エベル**

「ドジャースの歴史書はすでに多くの出来事でいっぱいだ。だがこのショウヘイの章は、何が起こるかわからない。だからこそ、多くの人が興奮している。それは大きな未知の何かだ」

・・・

フリードマンにとって、大谷がチームに加わってからの3か月間は、あっという間に過ぎ去って行った。

12月の土曜日の午後にバレロからその知らせを聞いたフリードマンが、そのことを球団代表のカステンやオーナーのマーク・ウォルター、フロントのスタッフに知らせたのは、大谷が自身のインスタグラムで契約を発表するほんの数分前だった。

その後、数週間は、大谷の紹介や記者会見の実施、他の注目選手たちとの面談などに追われた。その中には、同じく日本のスター選手・山本由伸も含まれる。山本がドジャースに誘われたとき、大谷も同席してのミーティングが設けられた。ドジャースは、大谷のほかにも有望選手を加える必要があった。

「そのせいで、（大谷と契約した）喜びを十分に堪能できなかった」とフリードマンは振り返る。「実感する暇がなかったんだ」

フリードマンのこの感覚は、冬の間ずっと残っていた。ドジャー・スタジアム（大谷が冬季にトレーニングしていた場所）やキャメルバック・ランチで大谷の姿を見ても、まだ実感がわかなかった。大谷が今後10年チームと契約を結んでいるということが、事実には思えなかった（ただしフリードマンかウォルターが退任した場合、大谷はこの契約を破棄できる）。

「まるで、たまたま彼がここを訪ねてきたみたいだった」とフリードマンは言う。「それくらい、ピンと来なかったんだ」

その感覚がついに変わったのは、大谷がアリゾナでキャンプを張るチーム同士が対戦するオープン戦、「カクタスリーグ」に初出場したときだ。

2月の晴れた火曜日のその午後、17番のユニフォームを着たファンが球場を埋め尽くした（数の多さで対抗できたのは、「カーショウ」「フリーマン」「ベッツ」と書かれたユニフォームを着たファンだけ）。活気に満ちた平日の観衆は、新しい指名打者に拍手と歓声を送った。

3打席目、大谷はフリードマンらが見守る中、逆方向にホームランを放った。スタンドからはレギュラーシーズン並みの歓声が上がった。

「それまでは、ショウヘイがドジャースの選手だという感覚が薄かった」とフリードマンは語った。

「でも今は、彼のいないドジャースの将来を想像できないよ」

「何度も言ってきたことだが、我々の目標は将来、この時期をドジャースの黄金時代として振り返ること。それはとてつもなく高いハードルだ。それでもショウヘイと契約し、その将来的な意味を考えれば、この目標を実現できる可能性は確実に高まっているだろう」

左：ドジャースは大谷翔平の獲得を確実視していたわけではない。ドジャース編成本部長のアンドリュー・フリードマンは、息子の少年サッカーの試合の付き添いをしていたときに、大谷の代理人ネズ・バレロから電話を受けた。電話のメッセージは突き詰めると、「You got him.」（あなたは彼を獲得した）の3語だった。
ROBERT GAUTHIER / ロサンゼルス・タイムズ

WELLS FARGO
AECOM
Deloitte
CITY NATIONAL BANK
MIYAKO HOTEL
Little
Tokyo
Mall
MIYAKO
Vargas

# 「大谷：ドジャース」は、「シャック：レイカーズ」の成功に学べ

ビル・プラシュケ　2024年3月14日

超一流のアスリートが、キャリア絶頂期にロサンゼルスのチームに加入した。

この都市のスポーツ界は、大きな期待に胸を膨らませた。

チケットは争奪戦になり、あちこちでユニフォームを目にするようになる。ロサンゼルス大都市圏全体が、この街を本拠地に選んだスポーツ界の至宝に夢中になっている。

大谷翔平のこと？

違う。シャキール・オニールだ。

大谷はこの冬、ドジャー・スタジアムのあるロサンゼルスのチャベス渓谷に向けて旅立った。それは、衝撃のニュースだった。だが彼は、27年前に大スターによって切り開かれた道を辿っているとも言える。

なぜなら、翔平の前にはシャックがいたからだ。

1996年の夏、レイカーズはそれまでオーランド・マジックに在籍していたフリーエージェントの超・長身NBAスターと契約し、ハリウッドで知られる街にハリウッド映画さながらの興奮を呼び込んだ。

報道によると、オニールの初練習にはロサンゼルス・クリッパーズ戦の観客より多くの記者が集まった。ハワイで行われたオニールにとっての初のオープン戦では、会場となった体育館の通路が報道陣で溢れかえるほどの盛り上がりを見せた。

ちなみに、大谷はドジャースの春季キャンプ・初試合でホームランを打ったが、オニールもこのオープン戦で26分間出場して25得点、12リバウンドの活躍を見せている。

そう、ロサンゼルスでは過去にも今回の大谷フィーバーと同じようなことがあったのだ。

スポーツ史上最も輝かしいスターたちが、その栄光の絶頂期にこの街に降り立った。NHL（ナショナルホッケーリーグ）のロサンゼルス・キングスはウェイン・グレツキーをトレードで獲得したし、NBAのロサンゼルス・レイカーズはカリーム・アブドゥル・ジャバーやウィルト・チェンバレンをトレードで獲得、レブロン・ジェームズとも契約した。MLBのロサンゼルス・ドジャースもマニー・ラミレスをトレードで獲得し、ダリル・ストロベリーと契約している。だが、シャックの契約ほど大谷のそれと似たものはない。

元エンゼルスの大谷のように、オニールも優勝リングに手が届かないチームを離れて、勝利の栄光を狙えるチームに移籍した。チームに若きスター、ペニー・ハーダウェイがいたにもかかわらず、オニールはオーランド・マジックに在籍した4シーズンで一度もタイトルを獲得できず、ヒューストン・ロケッツと対戦した1995年NBAファイナルを含め、進出した3度のポストシーズンはすべて全敗に終わった。

大谷の10年7億ドルと同様、オニールも記録的な契約額で移籍を果たしている。ロサンゼルス・タイムズのマーク・ハイスラーによれば、7年1億2000万ドルというその契約額は、「アメリカスポーツ史上最高額の入札合戦」の結果だった。

2人の契約は30年近くも時を隔てているにもかかわらず、その決着を大々的に宣伝する新聞の見出しにも、同じような熱狂と創造性が感じられる。

2023年12月のロサンゼルス・タイムズの見出しには、「Sho Business（翔ビジネス）」という見出しが躍った。

1996年7月当時の同紙にも「Shaq-zamm」〔訳注：「shazam」（「ジャーン」「そらっ」などの意）のもじり〕や「Lakers hit the Shaqpot（レイカーズが大当たりの契約を獲得）」〔訳注：Shaqpotはjackpot（賞金）をもじった造語〕といった見出しが掲載されている。

当事者たちの第一声にも共通点がある。

大谷は入団会見で通訳を介してこう語った。

「ここでプレーする機会を与えてくれたロサンゼルス・ドジャース球団に感謝します。ドジャースでプレーするのが待ちきれません。このチームには私と同じ情熱、ビジョン、勝利の歴史があります」

シャックも同様だ。

「準備はできている」オニールは1996年の夏、レイカーズでの最初の練習前に語った。「このチームには勝者の伝統がある。このチームの素晴らしい伝統に貢献したい。とにかく勝ちたい」

似ているのは大谷とオニールを駆り立てる動機だけではない。チーム幹部が感じていた不安もほぼ同じだった。

ドジャース編成本部長のアンドリュー・フリードマンは、大谷獲得への道は過酷なマラ

**左ページ：**ロサンゼルスの「リトルトーキョー」地区にあるミヤコホテルの外壁に描かれた、アーティストのロバート・バーガスによる大谷翔平の壁画は、この地区のビジネスと観光の活性化の一助になることが期待されている。こんな景色が見られる都市は多くない。
MYUNG J. CHUN / ロサンゼルス・タイムズ

上：ドジャースのファンフェスタに登場した大谷翔平に、すべての視線が注がれる。右隣の水原一平通訳は、後に大谷の物語に厄介な一章をもたらすことになる。
BRIAN VAN DER BRUG / ロサンゼルス・タイムズ

ソンのようなものだと言った。

「野球に例えるなら、試合終盤に何度も逆転劇があり、その様子が（野球サイトのFangraphsにある、試合の情勢を表す）グラフで刻々と表示されていくような、そんなクレイジーな展開だった。私の感情の起伏も同じように上下した」とフリードマンは記者団に語った。「自信が出るときも、ひどく落ち込むときもあった。私の人生のうち、いくらかの時間がそういった浮き沈みに取られたのは確実だ。どれくらいかはよくわからないけどね」

27年前、レイカーズのGMだったジェリー・ウェストも、オニール獲得後にこれと不気味なほど似た感情を味わっている。

「ここ数日でどれだけの浮き沈みを経験したか、言葉では言い尽くせない。午前2時15分頃契約書にサインしたときが、人生で一番ホッとした瞬間だった」とウェストは語った。「うまく説明できない。子どもたちが生まれた瞬間は決して忘れられないが、彼と契約できたときも、本当に忘れられないくらいの安堵と興奮を味わった」

オニールと大谷はどちらも、唯一無二の存在としてL.A.にやって来た。

大谷は、ベーブ・ルース以来となる二刀流のスターとして知られる。野球界屈指の打者と投手であり、史上最高の野球選手との呼び声も高い。

オニールも同じく唯一無二の存在だった。身長7フィート1インチ（約216センチ）、体重325ポンド（約148キロ）の大きな体をしながら、これほど俊敏で運動能力の高い選手はいなかった。彼の攻撃を防ぐのは難しく、その規格外のプレーに審判も手を焼いた。

2人のスター選手はまた、大きな実績を携えてこの地にやって来た。大谷は前年のWBCで日本代表を優勝に導き、オニールは1996年の夏季オリンピックでアメリカ代表として金メダルを獲得したばかりだった。

これほどの類似点には単なる話のネタ以上のものがある。そこに、大谷の成功に役立つヒントを見出せるからだ。

レイカーズとオニールの関係は、あらゆるチームがスーパースターをどう扱うべきかの手本になる。レイカーズはこの超大物プレーヤーから最大限の力を引き出した。オニールとコービー・ブライアントのコンビは、チームを3年連続のNBAチャンピオンに導いた。オニールはNBAファイナルのMVPを3年連続で受賞した。2人の関係は悲惨な結末（長年にわたる確執）を迎えたが、それでも彼らは混沌とした状況を何とか乗り切った素晴らしいコンビだった。

ドジャースは、レイカーズとオニールから教訓を学ぶべきだ。

まず、翔平の望みを優先させること。

もし彼が記者の質問に頻繁に答えたくないなら、無理強いさせない。2番ではなく3番の打順を希望しているなら、そうさせること。野手として試合に出たがっているなら、それを叶えてあげること。彼は他の選手とは違う。だから、他の選手とは違った扱いをしなければならない。

オニールは風変わりな選手だった。彼のプレーは人々を楽しませた。フリースローができなかったし、トライもしなかった。自分を

ガードする相手を罵った。練習をしない日もあった。ボールに触れる回数が少ないと不機嫌になることもあった。

それでも、レイカーズは一度もオニールのやり方を変えさせようとはしなかった。オニールは機嫌がいいときに最高のプレーをする。だから、彼の個性を輝かせることを優先させた。

オニールは自分の周りにどんな人間を置くかを重視していた。彼は新しいヘッドコーチを求めていたので、チームは頭脳派のデル・ハリスの代わりにフィル・ジャクソンを就任させた。彼が新しいシューターを求めていたので、チームは長年レイカーズの人気選手だったニック・ヴァン・エクセルとエディー・ジョーンズを手放し、グレン・ライス、リック・フォックス、ロバート・オーリーを加入させた。

大谷はまだドジャースに来て間もない。チーム改革を主張することは難しいし、おそらく今後もしないだろう。それでも、もし彼が何か要望を出すなら、首脳陣は耳を傾けるべきだ。長年のドジャース・ファンは、1人の選手に大きな権限を与えることに抵抗を覚えるだろうが、これは同じロサンゼルスでレイカーズが成功した方法だ。圧倒的なプレッシャーに耐えられるスター選手がいるのなら、その選手の考えを尊重し、任せるべきだ。

もしそれを疑う人がいたら、レイカーズの本拠地クリプト・ドットコム・アリーナの外に設置された、ダンクシュートを決めるオニールの銅像の前にその人を連れて行けばいい。

シャックは永遠にダンクを続けるだろう。

翔平、次は君だ。

---

**左：**シャキール・オニールは、ロサンゼルスでスター選手が成功する良い手本になる。最高の選手を獲得し、最善を祈る。シャックの場合、それがうまくいった。今後、大谷が長期的にどんな活躍をL.A.にもたらすのか、誰もが注目している。
MORRY GASH / AP通信

Nikon
P
OHTAN

CULTURAL PHENOMENON 文化現象

# ステレオタイプを打ち砕く大谷。アジア系アメリカ人の誇りに

テレサ・ワタナベ 2023年12月29日

カリフォルニア州パサデナ在住の弁護士、キャサリン・シュウは、特に野球ファンだったわけではない。だが大谷翔平が10年7億ドルという破格の条件でドジャースと契約を結んだと知り、興味を引かれた。このスター選手が自分とルーツを同じくするアジア人であり、これまでアジア系アメリカ人の活躍があまり見られなかった米スポーツ界で、最高レベルの輝かしい道を歩んでいることに、誇らしさを覚えた。

「どんな分野でも、アジア系はテレビでそれほど見かけません。スポーツならなおさらそうです」そう話すシュウは34歳の中国系アメリカ人だ。「もし、子どものころにアートやスポーツの分野で彼みたいに活躍する人を目にしたら、こんなふうに言えたかもしれません。ほらママ、見て。私たちだってこういう分野でも成功できるんだよ。医者とか弁護士だけじゃないんだよ、って。若い世代に新しいチャンスを与えるきっかけになればいいと思います」

トーランスの市議会議員を務めるジョン・カジは60年来のドジャース・ファンだ。本拠地がロサンゼルス・メモリアル・コロシアムだった頃から父親と足を運び、観戦してきた。68歳の日系アメリカ人であるカジは、1995年に野茂英雄が「パイオニア」としてドジャースに加わったときも心躍らせたが、大谷の持つ意味はさらに大きいと感じている。

スポーツ選手としての際立った実力と、人々に愛される魅力を兼ね備えた二刀流である大谷の存在は、アジア人やアジア系アメリカ人に対して長らく抱かれ、今も残るステレオタイプのイメージを打ち消してくれる、とカジは語る。

アジア系の人たちは、ざっくりと「敵」のようなイメージを持たれがちだ。北ベトナムの共産主義者、卑怯な攻撃を仕掛けた日本軍、中国の技術スパイ。アメリカ人の仕事を脅かす経済的ライバル。数学・科学に没頭するオタク。さらに最近では、新型コロナウイルスを広めた発生源、というものまである。

こうした負のイメージを、大谷は「アジア人の新しいモデル」を示して超越する。身長6フィート4インチ（約193センチ）の逞しい体つきで、打っても投げても超一流、アメリカの代表的なスポーツである野球において世界最高レベルの選手とされる。世界中にいるファンが、彼に心をときめかせる。韓国の女優チョン・ユミも、ニューヨークまで観戦に出向いている。同時に、大谷は丁寧で礼儀正しく、寛大で思いやりも備える。球場でごみを拾うこともある。ドジャースとの契約では、7億ドル中6億8000万ドルを無利子の後払いとし、勝てるチームづくりのための補強に充てられるよう計らった。そして、日本の小学生に、6万個ものグローブを贈った。

さらには、愛くるしい飼い犬デコイ（デコピン）を抱きしめ、服を着せ、ハイタッチを教えたりもする。

こうした実績と人柄が相まって、世界中に大勢の大谷ファンが生まれた。だが中でも最も熱心なファンを抱えるのが、アジア圏とアジア系アメリカ人コミュニティだろう。彼らの多くはエンゼルス在籍中からファンだったが、注目度の高いチームへ移りワールドシリーズ制覇への期待が高まった今、大谷を取り巻く熱狂は一段と高まっている。

「彼こそ、われわれがこの10年近くずっと求めてきた存在です」と話すのは、マサチューセッツ州のストーンヒル大学教授で南アジア系アメリカ人のスタンリー・タンガラージだ。タンガラージは「人種・エスニシティ・社会正義研究センター」の長を務め、『Desi Hoop Dreams: Pickup Basketball and the Making of Asian American Masculinity』（「バスケットボールとアジア系アメリカ人男性」、未邦訳）の著書がある。

アジアにルーツを持ち世界的に注目を集めたプロスポーツ選手は、NBAでプレーしたジェレミー・リン以降、出ていなかったとタンガラージは指摘する。トーランス生まれで台湾からの移民を親に持つリンは、ニューヨーク・ニックスに在籍した2011–12シーズンにブレイクし、「Linsanity（リンの熱狂）」と呼ばれるブームを起こした。

しかしそのような人物はごくまれにしかいない、とタンガラージは言う。「男らしさが足りない、頭脳ばかりで力がない」といったアジア人やアジア系アメリカ人男性へのステレオタイプが影を落としているという。

左ページ：この「大谷ファン」と「名前入りうちわ」が、大谷と共にエンゼルスからドジャースへ鞍替えしたかはわからない。だが移籍した大谷と、彼が「史上最高の選手」を目指す探求の道の背後では、アジア系アメリカ人たちが変わらず熱い思いを寄せている。
ASHLEY LANDIS / AP通信

もちろんアジア系であっても、ステレオタイプを気に留めない人もいる。だが多くの人は、そうした世間の評価やイメージを意識する。だからこそ、ブルース・リーの登場と、彼が1970年代に相次いで出演した映画にアジア系アメリカ人は沸いた。華麗な武術を披露し、チャック・ノリスやカリーム・アブドゥル・ジャバーと対決する彼を誇らしく思い、力づけられたのだ。

タンガラージもブルース・リーのファンだった。中学生のとき、インド南部の自宅の部屋にはポスターを貼っていた。リーは傑出したアジア人の戦士を表象する存在であり、タンガラージや周囲の友人たちは彼に刺激を受け、弱い者いじめやインドの権力構造、長く残るイギリス植民地化政策の遺物とどう戦う

上：壁に描かれた巨大な大谷翔平の右側に日本人ツアーガイドのクミ・スイオが立ち、ドジャースの新たなスターを祝福している。壁画はグスタボ・セルメーニョ Jr. がデザインし、ロサンゼルス近郊ハーモサビーチにある酒店「オーシャンビュー・リカー」の壁にお目見えした。
CHRISTINA HOUSE / ロサンゼルス・タイムズ

かについて考えたという。

だが大谷は別次元に達しているとタンガラージはみる。リーが秀でていたのはアジアの武術だ。一方の大谷は最もアメリカ的なスポーツで素晴らしい活躍を見せている。「リンの熱狂」は数か月で途絶えたが、大谷の輝きはここまで何年もあせていない。しかも大谷は脇役ではない。いまやドジャースの顔であり、文字どおりメジャーリーグを代表する選手だ。

「アジア人とアジア系アメリカ人の男性は、世界の歴史の中でずっと弱いものとして扱われてきました。この件（大谷のドジャース移籍）が国を越えた大きなニュースになるのは、文化面で少なからぬ意味があります」ポッドキャスト「Asians in Baseball」のホスト、ナオミ・コーは2023年12月のエピソードでそう語った。そして大谷翔平は任天堂の創業者ではないし、武術の指導者でも医者でもない、といずれも昔から典型的なアジア人の仕事とみなされてきた例を挙げ、こう続けた。大谷は野球選手なのだ。それもただの選手ではなく、唯一無二の選手なのだ。

大谷をめぐる熱狂は、今週のドジャース公式ショップでも明らかだった。クリスマスの買物ラッシュが過ぎたにもかかわらず、店はアジア系の客でごった返した。大谷のユニフォームのほか、大谷の似顔絵や名前に日の丸や「SHO-TIME」のロゴをあしらったTシャツを買い求める人々だ。中国語、日本語、韓国語、英語が店内を埋めつくした。

東京からきた保険会社勤務の24歳、アナブキ・シュンペイは、自分用に大谷のユニフォーム1着と、恋人のために背番号17が入ったボールを手に入れた。店には祖父と両親、兄弟2人と訪れた。一家は休暇を取って旅行中で、主な目的地はディズニーランドだが、大谷の公式グッズを買える機会を逃したくなかった。そこで70ドルをはたいてウーバーを手配し、ドジャー・スタジアムまでやって来たのだという。

同氏によると、190ドルで入手したユニフォームは日本では5万円（350ドル）するため、よい買い物ができたそうだ。一家は日本で試合が放送される早朝に起きては、大谷が出場するエンゼルスの試合をテレビで観戦してきた。成果を出すために努力を続ける大谷の姿を見ていると、今日も頑張ろうという気持ちになった、とアナブキは話す。

「日本人として誇りに思います。僕も彼みたいに力を出せるよう、精一杯頑張りたい」

ソウルから来たというウジェ・リーは、56ドルの大谷Tシャツを吟味しながら、大谷には単に野球の能力だけでなく人柄にも惹かれる、と話した。チームメイトやファン、ひいては対戦相手にも敬意をもって接する姿は、これだけレベルの高いプロスポーツの世界では際立っていると感じている。

大谷が加わったドジャースの2024年シーズン開幕戦がソウルで行われる際には、韓国は大騒ぎになるとリーは予測する。20世紀前半、日本は朝鮮半島の植民地支配を進め、その時代に端を発した歴史的な苦い感情が数十年続いているが、大谷というスーパースターはそんな韓国の対日感情にもすでによい影響をもたらしているという。

「韓国人と日本人の間には良好でない歴史があるけれど、大谷の活躍や言動は日本の印象をかなりよくしています」とリーは語る。

メキシコ系アメリカ人で親子三代のドジャース・ファンだというマルク・カランサは、大谷のユニフォームを着て球団公式ショップ近くを歩いていた。ユニフォームは、ドジャー・スタジアムの見学ツアーチケットと一緒に両親からクリスマス・プレゼントでもらったものだ。祖父母は80年代にドジャースで活躍し「フェルナンドマニア」と呼ばれる熱いファンを生んだメキシコ出身の投手、フェルナンド・バレンズエラの熱烈なファンだという。だがカランサ自身は、一緒にいた友人のレネ・ルチョ（こちらはエンゼルス時代の大谷のユニフォームを着ていた）と共に、ずっと「チーム・ショウヘイ」一筋なのだという。

「バレンズエラのこともすごく尊敬しています。でも今はオオタニの時代。彼には新しさがある。彼こそ今の人です」

トーランス市議会議員のカジには、すでに目論んでいる企画がある。ドジャースと大谷の協力が得られれば、カリフォルニア州内で中心的な日系コミュニティを有するサウスベイ地区で「ショウヘイ・デー」を開催したい。また、リトルリーグの日米交換プログラムを立ち上げて互いの国を訪問し、大谷をはじめとする日本人メジャーリーガーを育てた野球環境をアメリカ人が見る機会をつくりたい、と思い描いている。

「大谷は究極の日本親善大使だと思います」カジはそう表現する。「ポジティブなオーラしかないですね」

旅行業界も、大谷ともう1人ドジャースに加わった山本由伸投手を目当てにロサンゼルスを訪れる日本人旅行者の急増を見越して、準備を進めている。アメリカ近鉄興業の南浦彰は、新型コロナウイルスの感染拡大と円安、ロサンゼルスの治安に対する不安を背景に、日本からの旅行者は減っていたと説明する。同社はロサンゼルスのリトルトーキョーとトーランスにあるミヤコホテルを所有する。

大谷のドジャース移籍の知らせは「すべてを一変させてくれる」と南浦は口にする。

大谷は今、こうしたありとあらゆる期待と希望を背負っている。それに比べれば、ドジャースのワールドシリーズ制覇に貢献することのほうが、ずっと簡単なのかもしれない。

**上：**応援ボードの両端に描かれたハートマークが、大谷翔平とアジアにルーツを持つ彼のファンとの関係を表している。5月後半、対シンシナティ・レッズ戦でのひとこま。
JEFF DEAN / AP通信

UNDER THE MICROSCOPE 顕微鏡の下

# 日米の違い?　奇妙な大谷翔平の結婚発表、日本文化ではおかしくはない理由

ディラン・ヘルナンデス　2024年3月1日

大谷翔平が日本で一番人気のスポーツ選手になる前、その称号はフィギュアスケーター、羽生結弦のものだった。

羽生は大谷と同じ29歳。2人とも生まれも育ちも東北だ。

競技から引退した羽生は昨年、SNSで結婚を報告した。そして3か月後、同じくSNSで、ある報告をした。

離婚した、というのだ。

冬季五輪で2度の金メダルに輝いた羽生は、結婚相手や親族が迷惑行為を受け、メディアによる望ましくない取材や報道があったと訴えた。自身は結婚相手の名前を明かさなかったが、それも週刊誌が調べ出して報じていた。

羽生はこう綴った。「これからの未来を考えたとき、お相手に幸せであってほしい、制限のない幸せでいてほしいという思いから、離婚するという決断をいたしました」

これを見ると、大谷が今週、自身の結婚を奇妙な形で発表したことにも納得がいく。

インスタグラムで結婚を発表し、記者を集めて話もするが、配偶者の名前は明かさない。アメリカ人の感覚では変だと思うかもしれない。しかし、日本文化、とりわけ日本の著名人を取り巻く風習からすれば、特におかしくはない。

まず、日本では仕事と私生活の境界がアメリカより明確に線引きされている。仕事関係の社交の場に交際相手を同伴することは滅多にない。結婚披露宴にパートナーを一緒に招待する慣習もない。

スポーツ選手が結婚前に交際相手を公表することもあまりない。そのため、結婚発表が降ってわいたように感じられるケースも多い。日本のメディアは「電撃結婚発表」と報じたが、大谷は前年に婚約していたという。

日本の野球選手の中には、有名なスポーツキャスターと結婚した選手もいる。イチローや菊池雄星、前田健太がそうだ。ダルビッシュ有の妻、山本聖子はレスリングの元世界チャンピオン。彼らの配偶者はすでに公に知られた存在で、それは結婚しても変わらない。だが相手が一般人なら匿名のままだ。松井秀喜の場合も、一般人の妻については今も詳しく知られていない。

大谷は、結婚相手は「普通の」日本人女性だと述べた。そこには、今後も彼女を表に出したくない彼の希望が伺える。

大谷は結婚について、インスタグラムへ日本語で投稿し発表した。コメント欄には英語のメッセージもつけられている。2つの文章は似ているが、中身は同じではない。

日本語のメッセージには、翌日に取材に応じる予定で、双方の親族への接触は控えてほしいと書かれている。つまり伝えたかったのはここだろう。相手との交際について簡単な話はするが、それ以上はプライバシーを尊重してほしい、ということだ。

ドジャースの春季キャンプで取材に応じた大谷は、この要望を（間接的に）繰り返した。結婚を自ら発表した理由を聞かれると、「発表しなかったら皆さんがうるさいので」と笑いを交えて答えた。つまり結婚についてはもう説明したので、これ以上騒がないでもらいたい、というわけだ。

大谷がもし普通の選手なら、記者もその通りにするだろう。だが大谷は普通の選手ではない。彼に相当するような選手はアメリカにはいない。大谷は、アルゼンチンにとってのディエゴ・マラドーナ（サッカー）、メキシコにとってのフリオ・セサール・チャベス（ボクシング）のように、自国文化の素晴らしさを世界に向けて発信するスポーツ選手になったのだ。日本の親たちは、息子に彼のように育ってほしいと願う。女性たちは彼との結婚を夢見る（結婚を知り、ショックで仕事をサボった女性もいたと報道された）。

大谷は単なる有名人ではない。「著名人へのスポットライトがとりわけ強い国」のスターなのだ。日本はアメリカと比べるとテレビ局の数が少なく、エンタメの選択肢も少ない。スポーツ選手や芸能人が有名になると、その存在をあちこちで見聞きするようになる。誰もがその人物のことを知るようになるのだ。

そうした社会で、大谷の結婚は王室のように扱われた。日本のテレビ局は、進行中の

**左ページ：**真美子夫人の存在によって、ただでさえ高い大谷翔平への注目はさらに高まった。チャリティイベント「2024ブルー・ダイヤモンド・ガラ」で、並んで写真に納まる2人。ドジャー・スタジアムにて。
CHRIS PIZZELLO / AP通信

**右：**ソウルで行われたドジャース対サンディエゴ・パドレスのシーズン開幕戦を観戦する真美子夫人。
AHN YOUNG-JOON / AP通信

**右ページ：**大谷翔平と右後方の真美子夫人に群がる報道陣。韓国でのドジャースの開幕戦を前に、仁川国際空港に到着したところ。
AHN YOUNG-JOON / AP通信

番組を中断してまでこれを報じた。これから、大谷の交際に関する情報、中でも妻の人物像について詮索されるようになるだろう。強引な取材手法で知られる日本の週刊誌は、あらゆる手を使ってその欲求を満たそうとするはずだ。

大谷は昨年、広告キャンペーンの一環として受けたインタビューの中で、家庭生活への未来像を次のように語っていた。

「結婚とか子どもも含めて、平穏に暮らしたいなというか。心が平穏なのが何よりもいいことかなと思うので。私生活はそういう風でありたいなと思っています」

それは羽生が奪われたものだ。

羽生の一件があっただけに、日本人はプライバシーを求める大谷の気持ちがわかるはずだ。しかしそれだけでは大谷の希望はかなえられない。だから大谷は先手を打ったのだ。その結婚発表のやり方はアメリカ人には不可解だったかもしれないが、日本の文化を知る人は理解できるだろう。

SECURITY

ホ
しようぜ
Dodgers
17

# 北海道の人たちにとっての大谷翔平。地元民、凱旋を期待

ディラン・ヘルナンデス　2024年3月14日

北広島、日本――大谷翔平が古巣のチームを見守っている。

北海道日本ハムファイターズの本拠地、エスコンフィールドHOKKAIDO。左翼側、ビジター用ブルペン奥の座席後ろに位置するコンコースの壁に、縦5.5メートル、横7メートルの壁画がある。左側に描かれた人物は、現在サンディエゴ・パドレスの右腕で、ファイターズで7年間投げたダルビッシュ有。右側はダルビッシュと入れ替わりで入団し、スター選手になった大谷翔平だ。

毎日、ここで写真を撮る人が後を絶たない。試合のない日は、案内付きのスタジアムツアーでファンが訪れる。

大谷がメジャーリーグへの挑戦を追い求め、チームを巣立って6年余りが経つ。

彼は今、壁画になった。神話になった。

かつて北海道の人たちが「自分たちの誇り」と感じていた大谷は、いまや「雲の上の存在」だと、長年ファイターズ戦の実況中継を担当するアナウンサーの大藤晋司は言う。

「彼はもはや北海道だけの代表ではありません。日本の代表です」

昨年末、大部分を後払いとした10年7億ドルの契約を大谷と結んだとき、ドジャースが受け継いだのはこの責任、この期待なのだ。

そしてドジャースには、この壁画に「命」を吹き込むチャンスが訪れるかもしれない。

ドジャースは来週、シーズン開幕戦を韓国で行う。チーム関係者は、ドジャースが2025年も日本で開幕を迎えるチームに選ばれるとみているという。公言はできないとしながら、関係者に近い情報筋が明かした。

来年の開幕シリーズは東京ドームで行われる見通しだが、先立って実施されるエキシビションゲームを大谷の古巣ファイターズの新本拠地で開催する可能性があると、計画を知る関係者は言う。つまりドジャースがエスコンフィールドで試合をするかもしれず、実現すれば大谷の北海道凱旋となる。

ファイターズ側は、世界レベルの試合にふさわしい球場だと自負する。

「僕らの球場はおそらく世界一の素晴らしい球場だ、といつも皆に言うんです」と話すのは、ファイターズの内野手・加藤豪将。加藤はトロント・ブルージェイズにも在籍し、ボストンのフェンウェイ・パークやヒューストンのミニッツメイド・パークでプレーした経験がある。

「ここはほとんどのメジャーの球場よりいいよ」と、同じくメジャーでプレー経験がある外野手アンドリュー・スティーブンソン〔訳注：2024年シーズンからファイターズに加入〕も話す。「自分が見てきた中でここに匹敵するのは、テキサス・レンジャースの新球場（グローブライフ・フィールド）くらいかな」

開閉式の屋根と3万5000席を有するエスコンフィールドは昨春オープンし、球団にとってポスト大谷時代の象徴的な存在になっている。資金面でみると、これを「大谷が建てた」と呼ぶのは誇張かもしれない。移籍に伴いエンゼルスからファイターズに支払われた譲渡金は2000万ドル〔訳注：当時約22億4000万円〕で、推定5億ドル（約600億円）とされる建設費用のごく一部にすぎない。だが「精神」という面では、その呼び名も適していると思える。球団は大谷を二刀流選手として育てたのとまさに同じ方針で、この球場建設にあたった。

「これまで存在しなかったような球場を造ろうと、球団の皆が一丸となって考えてきました」と球団職員の岩本賢一は語る。

バックスクリーンにはクラフトビール醸造レストランが設けられている。その奥は高さ70メートルのガラス壁で、グラウンドの天然芝の育成を促す。

大谷とダルビッシュの壁画はTOWER 11（タワー・イレブン）と呼ばれる施設の壁面にある。11の数字は2人が共につけた背番号だ。5階建てで、ホテル、温泉、サウナがある。

素晴らしいの一言に尽きる球場だが、この思い切った試みにはリスクもあると見られていた。前本拠地は人口200万人を抱える札幌市の所有で、多目的型のドーム球場だった。エスコンフィールドがある北広島市は札幌から車で約40分、人口は6万人に満たない。

日本にいたとき、大谷は今のような全幅の支持を常に得ていたわけではない。むしろ、投手も打者もやりたいとのこだわりに反感を覚えた者も少なくなかった。

「もし大谷選手が二刀流で成功したら、日本の野球のレベルが低い印象にならないか、といった不安があったのではと思います」と大藤は説明する。

「みんな、エースで4番から始めているわけです。でも上へ行くにつれ活躍できる場所は小さくなっていく。それが普通です。レベルの高いところでプレーしていればこそです」

大谷が日本でプレーした最後の2017年、試合日の札幌ドームには大谷のユニフォーム姿の観客があちこちで目についた。最近ではほぼ見かけない。ファンの目は次世代のファイターズの選手に移っている。背番号1の新庄剛志監督のレプリカユニフォームを着た人も多い。新庄が自らつけたニックネーム、「BIGBOSS」の文字を背に入れたバージョンもある。

大谷が成し遂げてきた偉業の大きさと、彼が体現するものの大きさが相まって、古巣北海道の人々は大谷を遠い存在のように感じている。ここでエキシビションゲームが開催されれば、自分たちの大谷が帰ってきた、という気持ちになれるだろう。

ファイターズにはその用意がある。ドジャースも同じだ。

**左ページ：**宇宙人が残したミステリーサークル、ではない。色のつく稲を田んぼに植え、大谷翔平と愛犬デコピンをデザインしたアート。大谷の出身地、奥州市で。
HIDENORI NAGAI / AP通信

SONY
Canon

# 米連邦検察、通訳が大谷から1600万ドル以上の金を盗んだと発表

ネイサン・フェノ、ポール・プリングル、マット・ハミルトン　2024年4月11日

連邦検察は、違法ブックメーカー（スポーツ賭博業者）への借金返済のために、ドジャースのスーパースターから1600万ドル以上（約24億4800万円）を盗んだ容疑で、大谷翔平の元通訳・水原一平容疑者を訴追した。2年以上にわたり、今回の被害額の10倍以上に及ぶ違法な賭け金がやり取りされていたという。

36ページに及ぶ訴状によると、水原容疑者は本人の許可なく大谷の銀行口座から送金し、さらに銀行職員との電話で何度も大谷になりすましていた。ギャンブルの泥沼にはまった彼が無数の賭けで失った、総額4000万ドルもの損失を埋め合わせるためだ。

ギャング映画のセリフを彷彿とさせる訴状には、水原容疑者が賭けで勝った総額は1億4200万ドル（約217億円）、負けた総額は1億8300万ドル（約278億円）に及んだと記されている。

訴状は木曜日に、ロサンゼルスのダウンタウンで開かれた記者会見で発表され、カリフォルニア州中部地区連邦検事のE・マーティン・エストラーダが、水原容疑者は銀行詐欺の容疑で最大懲役30年の有罪判決が下る可能性があると述べた。

「調査の結果、水原氏は大谷氏との信頼関係によって、大谷氏の財務状況に独自にアクセスできる立場にあったことがわかった」とエストラーダは説明した。「水原氏はその信頼関係を利用、悪用し、違法スポーツ賭博への飽くなき欲求を満たすために、大谷氏の銀行口座から（大金を）横領した」

ロサンゼルスの弁護士マイケル・フリードマンは、水原容疑者の代理人を務めることを認めたが、それ以上のコメントは辞退した。

水原容疑者は金曜日に連邦裁判所に出廷する見込みだ。

ロサンゼルス近郊のダイヤモンド・バー高校を卒業した彼は、2018年に大谷がエンゼルスに入団して以来、通訳を務めてきた。

この訴追は、本紙が3月20日に第一報を出してから球界を震撼させている目まぐるしい物語の新たな展開だ。本紙は、カリフォルニア州オレンジ郡に住む違法ブックメーカーのマシュー・ボイヤーへの連邦検察の捜査線上に、大谷の名が浮上したと報じた。大谷の代理人は、水原容疑者がボイヤーの賭博組織で賭けるために大谷に対して「巨額の窃盗」を働いたと告発している。

「大谷氏は本件の被害者と考えられる」とエストラーダは述べた。「大谷氏がこの捜査に完全かつ全面的に協力してくれていることを明確にしておきたい。正義が果たされるよう捜査官の取り調べに応じただけでなく、自身のデジタル機器や個人情報へのアクセスを認めてくれた」

先月、大谷は賭博への一切の関与を否定し、ブックメーカーに金を払ったり、賭けたり、それらの代行を依頼したりしたことはないと断言した。訴状はこの発言を裏付ける内容となっている。捜査官は、大谷のテキストメッセージに「ギャンブル」や「水原の借金」への言及がなかったこと、ブックメーカーが賭博に使っていた2つのウェブサイトがブラウザーの履歴に残っていなかったこと、問題の口座へのアクセスに大谷の携帯電話が使われていなかったことを確認した。また、水原に銀行口座へのアクセスを認める会話も、大谷のメッセージからは見つからなかった。

昨年10月には連邦捜査官がオレンジ郡サンファンカピストラーノにあるボイヤーの自宅を家宅捜索したが、ボイヤーは訴追されなかった。

訴状は、大谷の私生活における水原容疑者の決定的な役割を明らかにしている。たとえば、大谷のエージェントに対し、大谷の給与を振り込む銀行口座が「プライベート」なので監視してほしくないと説明していた。捜査官が確認した銀行口座の記録によれば、連絡先は水原の電話番号とメールアドレスに変えられていた。

訴状によると、2021年11月～2024年1月までに、1600万ドル以上が大谷の口座からブックメーカー関係者に送金されていたという。そのうち大部分の1500万ドル（約22億9000万円）は、2022年2月～2023年10月までに移動されていた。

また、訴状によれば、水原容疑者は大谷になりすまして自らの電話から銀行の従業員に連絡し、大谷の経歴を利用してセキュリティチェックに合格していた。彼は銀行が録音した音声のような流暢な英語を話すが、大谷は話さない。

**左ページ：**大谷翔平の元通訳で不祥事を起こした水原一平容疑者は、連邦裁判所に出廷し、元エンゼルス、現ドジャースのスターから1600万ドル以上（約24億4800万円）を盗んだという罪状を認めた。ロサンゼルス近郊のダイヤモンド・バー高校を卒業した彼は、大谷が2018年にエンゼルスに入団して以来、通訳を務めてきた。
DAMIAN DOVARGAMES / AP通信

同じく訴状によると、水原容疑者は大谷のファイナンス担当者、簿記担当者、会計士に対して、この銀行口座からの送金を伏せていたという。

水原容疑者の携帯電話は、3月21日に韓国で行われたドジャースの開幕シリーズから帰国した際、ロサンゼルス国際空港の当局により押収された。捜査で読み取られた大量のテキストメッセージでは、彼は何度もブックメーカーに「バンプ」を要求していた。限度額を上げてくれ、という俗語だ。訴状によると、捜査では水原がやり取りしたテキストメッセージを9700ページ分まとめており、次のような内容が含まれていたという。

「僕のスポーツ賭博、下手すぎないか（笑）」水原は2022年11月にこのような内容のメッセージを送った。「もう一度バンプしてくれないか？　払えなくなる心配はないから」

2023年6月、水原容疑者は訴状で「ブックメーカー1」とされている人物にメッセージを送信した。「問題があって……最後の、最後の、最後のバンプをしてくれないか。今度こそ本当だ」

ブックメーカー1はこう返信した。「完了……俺にも同じ問題があるよ。一平、毎週月曜日に50万ドルを確実に払ってくれさえすれば、いくらでも（バンプ）してやるよ。ちゃんと払うとわかっているならね」訴状にはボイヤーの名前は出てこない。

2023年11月までには、ブックメーカー1は水原の借金について苛立ちを募らせていた。「おい一平、もう金曜2時だぞ。電話を折り返さない理由などこっちには関係ない。今ニューポートビーチにいるが、（大谷が）犬の散歩をしているのが見える。彼のところに行って、お前が音信不通だから連絡方法を教えてくれって言うからな。（それが嫌なら）すぐに電話しろ」

別のメッセージでは、ブックメーカー1はこう書いている。「忙しいのはわかるが、少しは敬意を示せ。俺だって危険を冒しているんだ」

水原は仮想通貨で損失を出した上に「スポーツ賭博でも大金を溶かしている」ことを言い訳に持ち出した。「すでにサイトで負けすぎたんだ……もちろん僕のせいなのはわかってる」

水原が野球賭博をしている証拠は見つからなかった。

「本件への世間の関心が大きいのはわかっている」エストラーダは述べた。「何が起こったかについて多くの疑問があるのも承知している。我々はそれらの疑問を解決したかった。強調しておきたいのは、この捜査には迅速かつ徹底的に取り組めたことだ」

訴状によると、水原はロサンゼルス・タイムズから大谷とボイヤーの代理人に問い合わせがあったと知り、3月17日にブックメーカー1にメッセージを送っている。「ロサンゼルス・タイムズに出る記事の詳しい内容を知る方法はある？」

スポーツ専門チャンネルのESPNがのちに報じたところでは、ドジャースがソウルで行われるサンディエゴ・パドレスとの開幕戦を準備していた頃に、ある大谷のスポークスマンが、「水原のギャンブルの借金を埋め合わせるために大谷の金が使われた」とESPNに話したという。このスポークスマンの手配により、ESPNは3月19日に水原にロングインタビューを実施。水原は自分のギャンブルの借金を大谷に払ってもらったと話した（訴状ではこの発言には信憑性がないとされている）。

しかしESPNによれば、スポークスマンはやがてこの話を否定し、水原が金を盗んだと主張する。

3月20日、午後7時（現地時間）に始まったパドレスとの試合で勝利を決める直前に、ダグアウトで笑い合う大谷と水原容疑者の姿をカメラがとらえている。

試合後、クラブハウスをメディアに開く前に、ドジャースの幹部数名と水原容疑者がチームへの説明を行った。ミーティングに参加した複数の人物によれば、水原は自身が賭博の問題を抱えており、大谷が借金を肩代わりしたと説明したという。

数日後にロサンゼルスで行われた記者会見で、大谷はクラブハウスでのミーティング後に起こったことを日本語で説明した。

「ホテルに戻って、一平さんと初めて話をして、彼に巨額の借金があることをそのとき知りました。彼は、僕の口座に勝手にアクセスして、ブックメーカーに送金していたということを僕に伝えました。僕はやっぱりおかしいと思って、代理人たちを呼んでそこで話し合いました」

大谷の弁護団を務めるウェストハリウッドのバーク・ブレットラー弁護士事務所は、これは「巨額の窃盗」であるという声明を出し、「事態を警察当局に引き渡す」と述べた。ドジャースはただちに水原を解雇し、2日後にはMLBが調査実施を発表。MLBは木曜日に、刑事手続きの決着を待って「さらなる調査が必要かどうかを判断する」と発表した。

訴状によれば、先月、事態が公になった日に、水原はまたもブックメーカー1にメッセージを送信したという。

「報道は見たか？」と水原は尋ねていた。

「ああ、でもあれはデタラメだろ？　お前が奴から金を盗んだわけがない。何かを隠しているんだよな？」「実は盗んだんだ。僕はもう終わりだ」

“

**「大谷氏は本件の被害者と考えられる。大谷氏がこの捜査に完全かつ全面的に協力してくれていることを明確にしておきたい。正義が果たされるよう捜査官の取り調べに応じただけでなく、自身のデジタル機器や個人情報へのアクセスを認めてくれた」**

**カリフォルニア州中部地区連邦検事　E・マーティン・エストラーダ**

**右ページ：**連邦検察の結論によると、水原一平はスポーツ賭博で1億4200万ドル（約217億円）勝ったが、1億8300万ドル（約278億円）負けていた。賭博の中に、野球に関するものはなかったとされる。
JASON ARMOND / ロサンゼルス・タイムズ

SHOHEI OHTANI NEWS CONFERENCE
DODGER STADIUM · LOS ANGELES, CA
Dodgers
Dodgers

Coca-Cola
UCLA Health

# 大谷が連邦捜査に感謝、「野球に集中できること」を願う

ジャック・ハリス　2024年4月12日

大谷翔平の元通訳・水原一平容疑者が金曜日、ドジャースの二刀流スターから1600万ドル以上（約24億4800万円）を盗んだ容疑で当局に出頭して数時間後、大谷は野球に集中したいと語った。

「司法省の調査に感謝しています」と大谷は日本語で語った。「個人的にはこれで一区切りとしたい。これからは野球に集中したいです」

通訳のウィル・アイアトンを伴った大谷は、この件について本紙の記者からこれ以上質問に答えることを拒否した。

29歳の強打者は金曜夜の試合で、いつもの2番、指名打者でドジャース打線に名を連ねた。

大谷は先月末の記者会見で、長年の友人で通訳である水原容疑者がオレンジ郡の違法賭博業者に対して抱えた賭博の損失を返済するため大谷の個人銀行口座から密かに不正送金していたことを非難した。大谷の金曜のコメントは、本疑惑について、それ以来となる発言だった。

3月25日の記者会見では、大谷は水原が自分の口座から電信送金したことを知らず、スポーツ賭博も、違法なブックメーカーを利用したことも一度もなく、先月の韓国での開幕戦後のドジャース・クラブハウスでのミーティングまで、このスキャンダルについて何も知らなかったと述べた。

「あのチームミーティングまで、一平さんがギャンブル依存症で、借金を抱えていたとは知りませんでした」と大谷はその記者会見で語った。

木曜日、大谷のこの主張が事実であることは、水原容疑者を起訴したカリフォルニア州中部地区連邦検事E・マーティン・エストラーダが会見で明らかにした刑事告訴の内容によって裏付けられた。

訴状によると、大谷は水原容疑者がブックメーカーに1600万ドル以上を送金したとされる口座へのアクセスを水原に許しておらず、韓国での開幕戦後に水原から知らされるまで、送金があったことに気づいていなかった。

捜査官らが大谷の携帯電話を調べた結果、大谷が問題の銀行口座にアクセスしたという証拠は見つからず、「水原容疑者の違法賭博行為やその借金返済について大谷が知っていた、あるいは関与していたと示唆する証拠は見つからなかった」という。

訴状には、本紙が最初にこの件を報じた後の3月20日に水原容疑者がブックメーカーに送ったメールの内容も引用されている。その中で水原容疑者は「厳密に言えば、僕は大谷から金を盗んだ」と認めている。

「僕はもう終わりだ」と水原容疑者はこのメールに書いている。

大谷とドジャースは、これでこの問題が終わりになることを期待している。

デーブ・ロバーツ監督は、金曜日の試合前の記者会見で、このスキャンダルはドジャースの妨げになっていない（ここまで10勝5敗）と改めて強調し、好調なスタートを切る中で、大谷（打率.333、3本塁打、8打点）がこの「重荷」にうまく対処していると称賛した。

「状況が少し明確になり、ショウヘイが前進できるようになることが嬉しい」と、水原容疑者への訴状を読んでいないロバーツは語った。

「最終的な答えは出たと思う。ショウヘイは無罪で、チーム全員がそれを信じている。先ほども言ったように、この問題が終わったことは喜ばしい。すべてが終わって、チームが野球に集中できるようになることを願っている」

この問題の進展を話し合うためのチームミーティングは、特に招集していない。「選手たちは状況をよく把握している」ロバーツは、水原に対する起訴が発表される前から、チームは「すでにスキャンダルを乗り越えていた」と語った。

「ショウヘイがこの重荷を背負わなければならなかったのは残念だ。だが繰り返すが、彼はこの状況にうまく対処し、パフォーマンスに影響を及ぼさなかった」

ロバーツ監督のメディア対応の最中には、少し和むような瞬間もあった。

彼は、ここ数週間、大谷の落ち着きぶりを説明する際、ギャンブルの比喩を使うのを控えなければならなかった。

「彼はとても冷静に状況に対処していた。ポーカーフェイスで……いや、ストイックに」とロバーツは言い、会場の記者たちの笑いを誘った。

「ショウヘイの感情はわからない」とロバーツは付け加えた。「彼は毎日同じように振る舞っている。うまく進んでいるのか、いないのか、心の中で思っていることを表に出さない。まさにプロだね。彼は野球をしたいだけなんだ」

---

**左ページ：**客席の入りから、まだ試合前のウォーミングアップ中だとわかる。大谷翔平はどこに行っても観客を集めるが、やはり一番は試合が始まってからだ。
WALLY SKALIJ / ロサンゼルス・タイムズ

SMITH
16

SEASON TO REMEMBER　歴史的シーズン

# ドジャース1年目、キャリア最高のスタートを切った大谷のインサイドストーリー

ジャック・ハリス　2024年5月18日

春季キャンプ初日、ドジャースのデーブ・ロバーツ監督は2人の偉大な選手を比較し始めた。

まず、バリー・ボンズをこう評した。「一緒にプレーした中で最高の選手だった」

続いて大谷翔平についてこう語った。「史上最高の野球選手になるかもしれないね」

先週サンフランシスコで行われたビジターゲームで、ロバーツはこの頭の中での2人の比較を、現実のプレーで目の当たりにする。

ボンズのかつてのホーム球場であり、ロバーツ自身も選手や監督として数多くの試合を戦った、サンフランシスコ・ジャイアンツの本拠地オラクル・パーク。大谷のバットが力強くボールを捉えると、ロバーツは空を見上げた。放たれたホームランの飛距離は446フィート（約136メートル）、打球速度は驚きの時速113.4マイル（約182.5キロ）。

しかし、ロバーツの頭に浮かんだことはただ1つ。「バリー並みだな」オラクル・パークの右中間に高くそびえるスタンドに飛び込み、その先のサンフランシスコ湾にあわや落ちそうになった一発について、ロバーツは語った。「誰もができることじゃない」

それを言うなら、50試合近くを終えて大谷ほどの成績を叩き出すことだって、誰もができることではない。現代野球の限界を塗り替えるパフォーマンスだ。

土曜日の時点で、大谷はMLBにおける開幕2か月間での自身最高のパフォーマンスに着々と向かっていた。

打率.358、長打率.676、OPS（出塁率＋長打率）1.102のすべてがキャリアハイ。13本塁打11盗塁32打点は、MLB史上初となる45/35/100（45本塁打35盗塁100打点）も達成してしまいそうなペースだ。

去年負った肘の怪我からリハビリ中の大谷は、今季は投手として出場せず、指名打者として出場を続けている。しかし、ピッチング抜きでも、MLBで最も価値のある選手といえるかもしれない。データサイト「Fangraphs」算出のWAR〔訳注：打撃、走塁、守備、投球を総合的に評価して選手の貢献度を表す指標。MLBの控えレベルの選手が出場した場合と比べて上積みできた勝利数を推計〕では、チームメイトのムーキー・ベッツと並ぶ3.1を記録している。

今季の大谷には、7億ドルの大型契約のプレッシャー、オフシーズンの移籍の狂騒、そして水原一平元通訳が起こした賭博・窃盗スキャンダルなど、つまずいておかしくない要因がいくらでもあった。しかし大谷は、自身3度目のMVPと初のワールドシリーズ制覇を狙える位置につけ、ドジャースのあらゆる期待を超える滑り出しを見せている。

ロバーツは先週、こう述べた。「よく思うんだ。私は史上最高の野球選手のそばにいるんだな、って。とにかくすごい才能だよ」

シーズンオフにあらゆる期待を背負わされてもなお、大谷は自分が新しく加入したチームの面々を、毎日少しずつ、新たに驚かせている。

・・・

ムーキー・ベッツが大谷の打席のときだけわずかに離塁時のリードを変える、という話は象徴的だ。それは強打のチームメイトへの賞賛の表れであるとともに、塁上で自分を守る防衛策でもあるという。

1番打者のベッツは、一塁への出塁時に大谷が打席に立つと、リードの取り方を少し変える。二塁に向けて何度かサイドステップを刻み、ピッチャーが投球すると同時に少しだけ後ろに下がる。

大谷の打球の強さはわかっている。だから、ライナー性の当たりがまっすぐ飛んできたときに備えて、ボールに反応する時間を少し余計に取っておきたいのだ。

「あれが当たったら、僕はアウトだ」ベッツは半ば真顔で言った。「僕の体重は175ポンド（約79.3キロ）。時速120マイル（約193キロ）のライナーには耐えられないよ」

今季、大谷の打球速度は、実際には120マイルにまだ達していない。しかし、それに迫る数字は何度も記録している。

打者大谷は、その最大の特徴ともいえるフルスイングで、MLBのほとんどの選手よりも強くボールを捉える。この爆発的かつ魅惑的なスイングは、フィジカルとメンタルの完璧な

**左ページ：**ペットボトルの水を浴びせられた大谷翔平のリアクション。ドジャー・スタジアムの観客を沸かせたのは間違いない。この日のシンシナティ・レッズ戦の10回、大谷は移籍後初のサヨナラヒットを放ち、チームは3対2で勝利した。
GINA FERAZZI / ロサンゼルス・タイムズ

調和の産物だ。

データ検索サイトの「ベースボール・サヴァン」は、「強打（Hard Hit）」を時速95マイル（約152.9キロ）以上と定義するが、大谷の打球の62％近くは時速95マイルを上回っており、MLBでも最高の記録だ。しかも、時速105マイル（約169.0キロ）を超えた回数も47回と、2位の選手に5回の差をつけている。

自己最速の時速119.2マイル（約191.8キロ）をマークしたのは、先月のトロント・ブルージェイズ戦の単打だが、今季この速度を上回ったのはヤンキースに所属するフアン・ソトとジャンカルロ・スタントンの2人だけだ。

「生まれながらの傑物だよ」とロバーツは語る。「本当にね」

大谷がこれほどまでに強くボールを打てるのには秘密がある。

これまで、打球速度は主にバットスピードに左右されると言われてきた。基本的に、スイングが速いほど、ボールを強く捉えられる。また、長年の投球追跡データによって、打球速度が速いほど打撃成績が良くなることも明らかになっている。

ただし、バットスピードがすべてではない。たとえば、スタントンの平均バットスピードはMLB最速の時速80.6マイル（約129.7キロ）で、ベースボール・サヴァンに登録されている他の全打者より3マイル以上速いが、打率は.243にすぎない。バットスピードのベスト10に入っている打者のうち、選手の総合成績を最もよく表すといわれるOPSでもベスト10にランクインしているのは、ヤンキースのアーロン・ジャッジだけだ。

大谷の平均バットスピードは時速75.4マイル（約121.3キロ）で19位。他の一流打者と比べて突出しているとは言い難い。彼が際立っているのは、パワーとスピードに加えて彼が駆使する細かな身体調整能力と、身体のスムーズな連携だ。6フィート4インチ（約193cm）の長身を併せ持つ大谷の総合力は、毎日見ている仲間でも説明しづらい。

「正直、よくわからないよ」大谷がコンスタントにボールを捉えられるのはなぜかと尋ねられたフレディ・フリーマンは答えた。「彼はそれくらい天才的なんだ」

ドジャースのアーロン・ベイツ打撃コーチは「野球界最高の身体能力に、長い“てこ”を与えたら、こういう結果が出るってことさ」と言う。

大谷の体の動きは効率がよく、再現性と適応力に優れている。だからこそ今季ほとんどスランプもなく、2戦連続ノーヒットはまだ1回しかない。多彩な球種を打ち返せるのもこのためで、ストレート、変化球、チェンジアップのどれに対しても.333以上の打率を残している。MLBの他の一流打者でも同じことはできない。

「バットをボールに当てるのは練習によって磨かれる高度な技術だ」とベイツは言う。「でも、目と手を連動させる能力、ボールを芯で捉える対応力は生まれつきだね」

大谷のアプローチには、この天賦の才能が光る。積極的に打っていくにもかかわらず、ボールゾーンのスイングや空振り率はリーグ平均レベルにとどまる。今年は三振率も低く、現在は19.5％。このままなら余裕でキャリアローも狙える。開幕1か月で唯一のウィークポイントといえた得点圏打率もここ数週間は上昇傾向で、5月はここまで.417だ。

これこそが、たとえ二刀流でなくとも、大谷が現実離れしたユニコーン的存在である理由だ。

力強いスイングだけでなく、正確なスイングも繰り出せる。速球についていける一方で、変化球に対して待つこともできる。引っ張って特大ホームランを放り込んだと思えば、守備の横をついて逆方向へライナーを放つ。火曜日のジャイアンツ戦でボンズのような特大ホームランの直後に放ったタイムリーツーベースが、まさにそれだ。

そして何よりも、彼はそれをほぼ毎日、同じように行える。観衆を魅了する身体能力を、唯一無二の強靭な精神力で最大限に引き出している。

ロバーツ監督が繰り返す。「彼は何でもやってしまう。たぐいまれな才能だよ」

・・・

大谷がとにかく睡眠を重視していることは、MLBでは有名だ。だからこそ、開幕時は睡眠不足だったと先日語ったときには、単なるコメント以上の重みがあるように聞こえた。

先週、大谷は日本語で「最初のほうはいろいろあったので、睡眠が足りない日が続いていました」と語った。

“

## 「何でもやってしまう。たぐいまれな才能だよ」

**ドジャース　デーブ・ロバーツ監督**

今季の状況を考えれば不思議ではない。大谷は移籍によって、「エンゼルスの大黒柱」から、注目を集める「ドジャースの顔」になった。

水原一平元通訳が違法賭博の借金の穴埋めに大谷の口座から1600万ドルを盗んだとされる事件は、これまで2度のMVPを獲得していた大谷の好スタートをさらに難しくした。

「いろんな事実が明らかになり、僕も多くを知りました」大谷は述べた。水原容疑者の賭博を知らず、関与もしていなかったことは、連邦検察の捜査で裏付けられた。「事態がある程度解決して」、ようやく普通に眠れるようになったという。事件に対するMLBの調査はまだ進行中だが、あらゆる証拠は大谷が窃盗の被害者だと示している。水原容疑者は複数の罪について起訴内容を認めると予想されている。

3月に韓国で行われた開幕戦への遠征中に水原通訳が解雇されたことで改善されたのは、睡眠だけではない。

29歳の大谷は新しいクラブハウスで前よりも周囲と打ち解けているようで、コーチ陣とよく会話し、チーム全体のグループチャットにも参加している。

先月、ロバーツ監督は得点圏でのアプローチについて大谷にアドバイスした。そのときも「他の選手とまったく同じように話しかけたよ」と言う。

大谷には、陽気で快活な側面があることも知られている。シカゴ・カブス戦では雨で試合が中断している間にクリケットのバットを積極的に振った。数週間前、日本出身選手のドジャースでのホームラン記録を破ったときには、記念にロバーツ監督にポルシェのミニカーをプレゼントした〔訳注：大谷の移籍が決まったとき、ドジャースの救援右腕ジョー・ケリーが、大谷のエンゼルス時代と同じ背番号「17」を快く譲ってくれた。大谷はお礼にケリーの妻にポルシェを1台プレゼントした。ロバーツ監督は日本生まれで、それまで日本出身選手のドジャースでのホームラン数7本という記録を持っていた。ロバーツ監督はこの記録を破った大谷に、冗談で車をせがんでいた〕。

「前よりもずっと快適に過ごせています」大谷は語る。「しっかり寝てプレーしながら、1日1日を大切にしています」

ドジャースのチームメイトも、大谷の人並外れた能力の源がわかってきた。

メニューをしっかり決めたケージでの打撃練習から、徐々に負荷が高くなる投球練習まで、試合前のルーティンをどれほどきっちりこなしているか。盗塁（現時点の11盗塁はMLB8位）にしても、積極的に次の塁を狙うにしても、どれだけ全力でベースランニングをしているか。

試合中にフラストレーションをあらわにする珍しい場面も印象的だ。水曜日のジャイアンツ戦では、誤審と思われる三振を何度かとられた後で、苛立ちを隠さなかった。

ロバーツは、これらはすべて、水原のスキャンダルですら妨げられない、大谷の驚異的な「前進する力」の表れだと考えている。

ロバーツは先週こう語った。「彼は長い間、勝てるチーム、優勝に向けて戦うチームでプレーしたいと心の底から望んできた。エンゼルスのことを悪くいうつもりはないが、うちがずっとやってきたことを彼は見ていて、それがプレーのレベルアップにつながっていると思うね」

大谷本人が、そのようなことを公の場で口にしたわけではない。エンゼルスは在籍 6 シーズンで一度もプレーオフに進出できなかったが、大谷は MLB で二刀流の夢を育ててくれたチームへの敬意を欠かさない。

しかし先週、シーズン序盤の快進撃について聞かれると、彼自身も名を連ねるスター揃いの打線をすぐに挙げた。

「僕の状態は良いほうだとは思いますが、これが過去 6、7 年でベストかどうかはわかりません」と大谷は語った。「スタメンに好打者が並んでいるおかげで、いい打席がたくさん回ってきていると思います」

今年のドジャースには、静かで謙虚な性格と、それとは対照的にシーズン開幕で猛打を見せた大谷という新戦力が加わった。

今のところ、大谷はスイングのメカニクスと右肘のリハビリに集中し、水原容疑者の訴訟の影響をシャットアウトしている。

キャリアハイの数字、記録的なペース、ボンズとの比較は、他の人が考察することだ。

「彼はとにかくコーチの指導を受けたがるんだ」ロバーツは語った。「今以上にうまくなりたいんだね」

**左：**ホームランを放ってダイヤモンドを大きなストライドで回る大谷の姿はすっかりおなじみになった。今年のレギュラーシーズンで 54 本、MLB 通算で 225 本のホームランを放っている。
ROBERT GAUTHIER / ロサンゼルス・タイムズ

LA
Dodgers
17

# 大谷翔平は新たなベーブ・ルースか、それともさらに「ビッグ」になるのか?

ディラン・ヘルナンデス　2024年6月30日

連邦検察当局は4月、大谷翔平が違法賭博に手を染めていた事実や、水原一平元通訳の賭博を知りつつ借金を肩代わりしていた事実はなかったと発表した。この発表に、野球関係者はいっせいに安堵のため息をついた。野球界は、大谷を賭博スキャンダルに巻きこんでいる場合ではない。

大谷は、MLB初の黒人選手ジャッキー・ロビンソンのようにアメリカ全体を変えたわけではない。1980年代に活躍したメキシコ出身のフェルナンド・バレンズエラのように、ラテン系のドジャース・ファンを劇的に増やしてファンの構図を変えたわけでもない。

しかし、この二刀流選手は、記録的な資金を呼び込み、MLBそのものの影響力をさらに広げることになるだろう。

昨年、ドジャースと総額7億ドルの10年契約を結んだ大谷は、野球史における唯一最大の「資金獲得力」になる可能性がある。オフシーズンにドジャースが補強した選手の顔ぶれを見れば、29歳の大谷がもたらした力は明らかだ。それは、ムーキー・ベッツやフレディ・フリーマンなどのMVP経験者を含む打線に強打者が加わったからだけではない。

大谷は肘の手術後のリハビリをこなしているため、今季は投手として登板する予定がない。しかし、ドジャースは大谷マネーのおかげで先発投手タイラー・グラスノーをトレードで獲得し、5年1億3650万ドルの契約を結ぶことができた。さらに、ドジャースはもう1人の先発投手、山本由伸とも12年3億2500万ドルで契約している。

大谷は単なる指名打者を超えて、ドジャースにとって造幣局のような存在になっている。

かつてアメリカで一番人気のスポーツだった野球は、今では他のメジャースポーツの影に隠れがちになっている。そのため野球選手は同格のバスケットボールやアメリカンフットボール選手と比べて、わずかなスポンサー契約しか得られていない。

しかし大谷は例外だ。その市場価値の理由は、生まれ故郷である日本のNo.1選手であることが大きい。MLBの一流選手で、野球が一番人気で、かつ経済的に豊かな国から来た選手は他にいない。加えて大谷人気はアジア全体に及んでいて、20世紀に35年間日本に併合されていたわだかまりがまだ残る韓国でさえ例外ではない。

スポーツビジネスを扱うウェブメディアの「スポーティコ」は、大谷が昨年、個人スポンサー契約で推定4000万ドルの利益をあげたと報じた。これはどのNFL選手よりも多く、NBAのスターであるヤニス・アデトクンボ(4500万ドル)やケビン・デュラント(4200万ドル)にも迫る額である。

ドジャースは大谷の市場価値から利益を得られる。大谷関連のスポンサー契約で年間5000万ドル以上の収入になるからだ。

それだけでもドジャースは選手を補強できるだけの「柔軟な資金力」が得られる。だが大谷の思考の「柔軟性」はそこで終わらない。大谷に支払う総額7億ドルのうち、6億8000万ドルを無利子で繰り延べる契約に合意したのだ。これでドジャースは、繰り延べた資金を投資して利益を上げ、実質的に「大谷のお金を働かせる」ことができる。

ある野球エージェントの推測によれば、ドジャースは親会社のグッゲンハイム・パートナーズのような資産管理会社を通じて繰延金を運用することで、10億ドルを稼げるという。

ドジャースが大谷と契約した後で、小柄な山本と故障がちのグラスノーに9桁ドル単位の契約ができたのは偶然ではない。大谷はドジャースを根本的に変えた。もしかすると、今後10年間におけるこの競技の運命をも変えたのかもしれない。

---

**左ページ:**レギュラーシーズンの54本のホームランのうちの1本で見せたスマイル。大谷翔平は7億ドルの契約をしたように思われているが、舞台裏ではドジャースが支払いを繰り延べた資金の一部を活用してさらに利益を上げられるようになっている。
ROBERT GAUTHIER / ロサンゼルス・タイムズ

**上**：大谷翔平が加入する前から、ドジャースのマーケティング戦略は優秀だった。写真はドジャー・スタジアムのセンターフィールドプラザに登場した、大谷のデジタルサイネージ。
WALLY SKALIJ / ロサンゼルス・タイムズ

**右**：大谷翔平はスタンディング・オーベーションにも落ち着いて振る舞う。素晴らしい成績を残した後の拍手にも、ドジャースのメンバーとして全力を尽くしたことに対する拍手にも。ドジャース・ファンは、大谷は自分たちが思い描いたどんな大スターよりもさらに大きな存在かもしれないと実感し始めている。
WALLY SKALIJ / ロサンゼルス・タイムズ

LA
Dodgers
17

# 大谷翔平、ドジャースで自身初の「優勝」を賭けた戦いへ

ディラン・ヘルナンデス　2024年7月17日

テキサス州アーリントン——今年、デーブ・ロバーツ監督の「10月」は早めに到来した。

ドジャースがオールスター休み直前の7戦中6戦を落とし、毎年ポストシーズンの時期恒例の「ロバーツ監督への不満」が、いつもより3か月早く噴出し始めたのだ。

ドジャース専門放送局で放映される『ポストゲーム・トークショー』では、ドジャースが負けるたびにファンから届く采配への批判を紹介しているが、先週はそれが増えたという。SNSで愚痴をこぼしたファンも多かった。

これはロバーツとの関係を「素晴らしい」と言う大谷翔平にとって驚きだった。

「選手一人ひとりと密に対話する監督だと思います」大谷は週前半、日本語で語った。「僕自身も、多くの面で監督に助けてもらっています」

大谷は監督の一貫したプロ意識を称賛する。

「チームの最高司令官として、監督はどのゲームにも集中して取り組んでいると思います」

大谷は、ほぼ確実に、ロバーツ監督についてまた質問されるだろう。

3度でも。4度でも。

ドジャースとドジャース・ファンを見てきた大谷は、今ごろ間違いなくそれを悟っているはずだ。

大谷はこれから、人気No.1チームのドジャースで、アメリカ国内No.2の市場ロサンゼルスを舞台に、優勝をかけて初めて戦うことになる。現在ナ・リーグ西地区1位のドジャースは、オールスター明けの金曜日の夜、ボストン・レッドソックスをホームで迎え撃つ。

「（ドジャースは）ファンも含めて情熱的なチームだと思います」

大谷が語ったのは、レギュラーシーズンでの勝利に満足することなく、「次の戦い」に意識を向け集中するチームの姿勢だ。

大谷はドジャースにそのような考えがあることを喜ばしく思っている。そしてチーム同様、今年ワールドシリーズで優勝しなければ、チームとしては敗北だと考えている。

「もちろん、毎年ワールドチャンピオンになるのは1チームです。優勝を逃したチームは、自分たちのチームは負けたと考えるでしょう。その点に関しては、プレーオフに行けたチームも行けなかったチームも同じです」

この数週間、大谷は負傷者リスト入りしたドジャースの選手の数を引き合いに出し、今は故障した選手たちが戻るまでチームが耐えなければならない時期だ、と語ってきた。

ドジャースの先発ローテーションには、怪我人が続出した。そのためロバーツ監督はブルペンデーを大幅に増やし、マイナーリーグから先発投手を緊急に昇格させざるを得なかった。

先発一番手のタイラー・グラスノーと二番手の山本由伸も怪我に見舞われた。山本は60日間負傷者リストに入り、登録選手が40人に拡大される9月まで復帰しない見通しだ。オフシーズンに肩を手術したクレイトン・カーショウの復帰はすでに1度延期されている。ウォーカー・ビューラーは肘の再建手術からの当初の復帰予定を諦め、プライベートコーチとともにリハビリに取り組んでいる。2年目の速球派右腕で、ドジャースが先発候補として期待していたボビー・ミラーは3Aに降格した。

また、野手でも大きなピースを欠いていた。オールスター出場経験もあるムーキー・ベッツが、手の骨折で離脱したのだ。

それでも、ドジャースはナ・リーグ西地区で2位のアリゾナ・ダイヤモンドバックスとサンディエゴ・パドレスに7ゲーム差をつけており、大谷は、チームは今の下降線から上昇に転じられると考えている。

「このオールスター休暇を機に、チームが新たな気持ちでリスタートできればいいなと思っています。また、怪我人も戻ってきます。そうした選手たちと一緒になって、後半戦でベストを尽くしたいです」

大谷は、オールスター明けを三冠王候補として迎える。29本塁打はナ・リーグトップ、打率.316は2位、69打点は3位だ。

メジャー7年目となる今シーズン。30歳の大谷はスランプを脱する能力に自信をつけたと語る。

「経験を重ねるうちに、不調のとき、ある程度その原因を突き止めるのがうまくなってきたと思います。もちろん新しい問題も持ち上がりますが、『こういうふうにすればいい方向に向かう』とわかるケースが増えた気がします。経験がさらに増えれば、好不調の波も少なく

**左ページ：**大谷翔平はホームランを放ったときだけエキサイトするわけではない。ドジャースの一塁ベースコーチ、クレイトン・マッカロー（ちなみにドジャースには同じ「クレイトン」という名前を持つ、名投手クレイトン・カーショウがいる）の方向に強烈なライナー性のヒットを放ち、雄叫びを上げる。
ROBERT GAUTHIER / ロサンゼルス・タイムズ

なると思います」
　ドジャースはその力を頼りにしている。そのこと自体、大谷にとって問題ではないだろう。むしろ願ったり叶ったりかもしれない。チームを軌道に戻す責任は選手にある、と言っていたのだから。
「僕たちは毎試合ベストを尽くして、ファンと監督の期待に応えなければなりません」と大谷は言う。
　レギュラーシーズンもあと 65 試合。大谷が待ちわびていた 10 月の瞬間が、まもなくやってくる。

**右：**ヒットを放ち、ドジャースの新しいセレブレーションダンス（と言えるかどうかは怪しいが）を踊る大谷。手を振り足を高く上げるこのジェスチャーは、フレディ・フリーマンの影響で広まったという。
ROBERT GAUTHIER / ロサンゼルス・タイムズ

**右ページ：**よく見ると、ソロホームランを打ったチームメイトのテオスカー・ヘルナンデスに大谷が浴びせたひまわりの種が見える。言うまでもなく、大谷の場合、浴びせた数より、浴びせられた数のほうが多い。
WALLY SKALIJ / ロサンゼルス・タイムズ

37
NÁNDEZ
37
Dodgers
MLB
DODGERS.COM

Dodgers
17

# SHO-TIME復活!　大谷の打球がドジャースの歴史に刻まれる

ビル・プラシュケ　2024年8月24日

大谷翔平は歴史を創っただけではない。身にまとっていた。

金曜日の夜、軽やかにホームベースを駆け抜け、信じられない面持ちで飛び跳ねるチームメイトの腕の中に飛び込んだ大谷が成し遂げた偉業の大きさは、ユニフォームをひと目見れば明らかだった。

「40号サヨナラアーチ」を示す、チームメイトの浴びせた水でずぶ濡れのシャツ。

「40盗塁」を示す、左裾に泥がこびりついたズボン。

野球の歴史上、こんな姿をした選手はいなかった。

野球の歴史に、「40盗塁」と「40本塁打」の両方を同じ試合で記録して、「40-40」クラブに加わった選手は今までいなかった。盗塁から本塁打までたった5イニング、おまけにその本塁打は満塁サヨナラ弾だった。

ドジャースのデーブ・ロバーツ監督は「まるでおとぎ話だ」と語った。

大谷は「とてもうれしかった」と述べた。

私は思った。冗談だろう、と。

ドジャースとそのファンは、こんな男を今まで一度だって見たことがない。昨夜のドジャー・スタジアムで大歓声の中、タンパベイ・レイズ相手に7対3の劇的サヨナラ勝利を収めたとき、改めてそれが証明された。

「ショウヘイにはいつも驚かされてばかりだ」ロバーツは試合後、記者に語った。

息をするたびに、動くたびに、驚きがある。

とてつもないスピード——4回に盗塁を決めたとき捕手は二塁に投げることすらできなかった。とてつもないパワー——9回2アウトからごく普通に打ち返した打球が右中間スタンドに吸い込まれ、サヨナラホームランになった。

現在6人からなる「40-40」クラブにはめったに新人が入らない。スピードとパワーというまったく異なるスキルを併せ持つ必要があるからだ。あのベーブ・ルースも、ウィリー・メイズも、タイ・カッブも、ハンク・アーロンも、テッド・ウィリアムズも達成していない。そしてドジャースの選手はこれまで誰1人として達成していない。

大谷はこれまで40-40を達成した5人のうち、誰よりも早く到達した。レギュラーシーズンを1か月残していて、球界初の45-45にも届きそうだ。とても超えられそうになかった50-50の大台にも、半々、つまりフィフティ・フィフティ（50-50）の確率で乗りそうだ。

「(50-50は）まだ達成者がいないんだろう?」ロバーツは尋ねた。「彼なら、あと1か月試合が残っていれば、十分できるさ」

昨冬に大谷がエンゼルスから移籍して以来、「何でもできるのかもしれない」という考え方そのものが変わった——「何でもできるんだ」と。

「きっと彼は、（野球という）この競技で最高の選手になりたいんだろう」ロバーツは語る。「こういうこと（偉業）を達成していく姿は、まさに有言実行だね」

入ればサヨナラホームランになるボールが、空高く舞い上がる。その軌道と直後の展開は、彼が人々の想像をはるかに上回る偉大な選手になるための、途方もない道のりを象徴しているかのようだった。

高く上がった打球がフェンスを越えるか、ファンは固唾をのんで見守った。右中間フェンスをわずかに越え、記念のボールを捕ろうとしたファンのグラブで跳ね返って外野の芝に落ちたときには、スタジアムが轟音で揺れた。ドジャースが勝利したときの恒例、ランディ・ニューマンの『I Love L.A.』が流れ始めたが、それがかき消されるほどの大歓声だ。

大谷が7億ドルの契約、輝かしい経歴、完璧なスマイルを引っ提げてドジャースに来たとき、多くのファンは「話がうますぎるのでは?」といぶかった。

いまや誰もが、彼は下馬評以上の活躍をしていると認める。その活躍ぶりは凄まじい。

「彼はまさしくドラマチックな男だよ」ロバーツ監督は言う。

大谷はシーズンオフにトミー・ジョン手術で肘にメスを入れ、不安の中でドジャースでのスタートを切った。しかし、春季キャンプ初戦でホームランを放つ。

シーズンが始まるやいなや、賭博スキャンダルに巻き込まれた。本人には一切非がないにもかかわらず、長年の通訳だった水原一平に1600万ドル以上（約24億4800万円）もの金を奪われた。しかし開幕最初の1か月で、スキャンダルなどなかったかのようにOPS（出塁率+長打率）1.017を記録した。

**左ページ：**しょっちゅう空を飛ぶ大谷翔平のバットに、マイレージが貯まらないのは残念だ。今シーズンの54本のうちの1本を放った大谷がベースを回る間、バットが向かったのはダグアウトだった。
WALLY SKALIJ / ロサンゼルス・タイムズ

大谷はこのところ左投手に苦戦していて、8月の月間打率は2割近くまで落ち込んでいた。しかし、金曜夜にホームランを打った相手は、左投手のコリン・ポシェだった。しかも初球だ。まるで大谷が再びあらゆる疑念を振り払い、今にも猛撃を再開しようとしているかのようだった。

大谷は通訳のウィル・アイアトンを介してメ

**上：**「50 本塁打 50 盗塁」を達成する選手なんて、まず現れないと思われていた。そこに登場したのが大谷翔平。54 本の本塁打のうち 1 本をドジャー・スタジアムで放ち、ベースを回る。
WALLY SKALIJ / ロサンゼルス・タイムズ

ディアに次のように語った。「最高の思い出になりました。もっともっとこれから勝って、記録を塗り替えられるように頑張りたいと思います」

ドジャースが期待をかけ、大谷がそれに応える。あらゆる偉業によって、さらなる偉業への期待が生まれる。

まずはポストシーズン。大谷はまだプレーしたことがない。それこそがエンゼルスを去ってドジャースにやってきた一番の理由だ。大谷は金曜の夜のような劇的な瞬間、チャンピオン・リングを勝ち取る瞬間を渇望している。あと数週間もすればそうした瞬間が数多く訪れるだろう。今、新たな期待とプレッシャーがかかっている。

「チャンピオンになる力のあるチームでプレーして、8 月も、9 月も、それ以降も、消化試合ではなく、真剣勝負をする。そのために彼はドジャースと契約したんだ。だからパフォーマンスが上がることも期待できる。それこそが今起こっていることだ」とロバーツは語る。

さらに、今シーズン中ではないが、やがて訪れる瞬間がある。大谷が投手でもあることを忘れてはいけない。肘の手術後のリハビリ中のため、今年は投げていない。だが考えてほしい。ドジャースはまだ、最高の野球選手が真骨頂を発揮する姿を目にしていないのだ。

「ユニフォームを着れば、彼はとんでもないことをやってのける」とロバーツは言う。

金曜夜の観客は、目にしたホームランがドジャー・スタジアム史上最も印象に残る一打だと思ったかもしれない。だが、まだそうとは言えない。その栄光は、1988 年のワールドシリーズで両脚を負傷しながら代打でサヨナラ本塁打を放ったカーク・ギブソンをはじめ、記憶に残るポストシーズンのホームランを打った打者たちのもとに永久に残るだろう。

ドジャー・スタジアムのレギュラーシーズンだけに絞っても、印象的な一発はある。2004 年のドジャースに地区優勝をもたらしたスティーブ・フィンリーのサヨナラ満塁ホームランや、2016 年の地区優勝を決め、ドジャースの試合を 67 年にわたって中継したレジェンドアナウンサー、ヴィン・スカリーの引退に華を添えたチャーリー・カルバーソンのサヨナラホームラン。

昨夜のホームランは、「ドジャー・スタジアム史上最もそれまでの常識を揺さぶるような一打」と呼びたい。大記録を達成しながら、さらなる大記録も可能だと予感させるような一発。熱気に満ちた 10 月を予感させるような、8 月の一発。

地元のテレビ局『スポーツネット LA』が行った試合直後のインタビューでも、通訳を通じて「ワールドシリーズ」という単語が飛び出した。

つまりワールドシリーズ制覇こそが大谷翔平のすべてであり、昨夜の満塁ホームランのすべて、ずぶ濡れのユニフォームや泥だらけのズボン、瞳の輝き、そしてこの街の心からの望みのすべてなのだ。

**左：**タンパベイ・レイズ戦の９回にサヨナラ満塁ホームランを打ち、喜びを爆発させる大谷翔平。「40-40」（40 本塁打 40 盗塁）クラブ入りを決めた、記念すべき一打にもなった。
WALLY SKALIJ / ロサンゼルス・タイムズ

LA
17

HEADING TO FINISH 「世界一」へ

# デコピンに奪われたスポットライトを、飼い主が奪い返す

ジャック・ハリス 2024年8月28日

大谷翔平が話題をさらったのは、水曜日の夜が初めてではない。しかし、愛犬からスポットライトを奪い返さなければならなかったのは初めてだ。

その日は、大谷がデコピン（アメリカンネームは「デコイ」）を抱くボブルヘッド人形が入場者に配布されるボブルヘッドデーで、ドジャー・スタジアムの外には朝8時から長蛇の列ができた。ドジャースがボルティモア・オリオールズに6対4で勝利したこの試合、飼い主とペットの双方が素晴らしいショーの主役となった。

まず観衆の大歓声をさらったのはデコピンの「始球式」だ。大谷にマウンドまで連れていかれたデコピンは口にボールをくわえ、ホームベースの後ろで捕手のようにしゃがむ大谷めがけてまっすぐ走った。

この可愛らしい始球式の後、オリオールズとのシーソーゲームを勝利に導いたのは大谷だった。4打数2安打、1本塁打（42号）、2盗塁（42盗塁）、3打点。

デーブ・ロバーツ監督は語る。「本当に、彼は大事な瞬間に底力を発揮するんだ」

大谷は1回に先頭打者ホームランで先制点をもたらす。4点を奪った3回も塁上を賑わせた。ヒットで出塁し、テオスカー・ヘルナンデスの逆転スリーランにつなげた。

さらに5回には、ほぼ1人でドジャースに中押し点をもたらす。ファーストライナーをオリオールズのライアン・オハーンがグラブに収めきれず一塁に残った大谷は、盗塁とワイルドピッチで三塁まで進塁。2アウトのときに起こったエラーで生還し、点差を2点に拡げた。

「とても特別な夜でした」大谷は通訳を介してコメントした。

8月前半の2週間はスランプに陥り、8月2～19日の打率は.181（ただしホームランは7本）に沈んでいた。しかし月末にはナ・リーグMVPの有力候補らしく大活躍で締めくくった。

水曜日は過去7戦でマルチヒットを放った5度目の試合、また本塁打と盗塁の両方を決めた今季10度目の試合となった。7回の最終打席こそ三振に終わったが、いつも以上に大谷目当てで詰めかけた満員の観客5万3290人から「MVP」コールが沸き起こった。

「デコピンが始球式をすると聞いて、そんなにちゃんと訓練しているんだとびっくりしたよ」ロバーツは語った。「でも、ショウヘイの犬ならそんなに驚くことじゃないのかもしれない。感動したね」

大谷は、デコピンと3週間にわたって練習し、スタジアムでの“予行演習”もしたと明かした。

「ご褒美にいいおやつを買ってあげたいです」

試合の前半は、ドジャースにとって不安になる展開もあった。

大谷の先頭打者ホームランの後、2回表はオリオールズがドジャース守備陣の乱れから溜めたランナーを返し、3点を取って逆転する。1アウトでドジャース三塁手マックス・マンシーが一塁へ悪送球。次の打者、セドリック・ムリンスは地面すれすれの変化球に三振するも、捕手のウィル・スミスが一塁に送球できず、振り逃げで出塁した。

「2回の守備に就いていたチームのことは知らないね」ロバーツ監督は振り返る。

「2回表」はまだ続く。ラモン・ウリアスが2点タイムリーツーベース、ジェームズ・マキャンも1点適時打。先発投手のビューラーは、今季何度も見てきたように崩れてしまうかと思われた。

しかし、ビューラーは立ち直ってリズムを取り戻し、今季ベストの内容にまとめた。

初球ストライク率は普段より良く（打者23人中13人）、2ストライクを取った後のカウントでは1安打1四球しか許さなかった。4回と3分の2を投げてさらに1点を失ったが、それもフルカウントでハーフスイングを取ってもらえなかった直後、オハーンにタイムリーツーベースを浴びるという不運の結果だった。

「（良いところを）しばらく見ていなかったからね」ロバーツはビューラーを評した。「リセットして、自分を立て直し、以前の投球を取り戻すために、今日のパフォーマンスは彼の

**左ページ：**唯一無二の始球式だった。発案したドジャースのマーケティング担当者のお手柄だ。デコピンがマウンドからボールを運び、飼い主兼遊び相手兼親友の大谷翔平の足もとに置いた。
WALLY SKALIJ / ロサンゼルス・タイムズ

自信のためにも私たちのためにも大きかった。これをきっかけに着実に復調してくれることを期待しているよ」

2022年に2回目のトミー・ジョン手術を受けてからの復帰となる今年、ビューラーの防御率は5.88と、まださえない数字だ。今シーズン、11回の先発登板のうち5回を投げ切ったのはわずか3度。かつてローテーションのエースを務め、オールスターにも選出された姿からはほど遠い。

しかし90球以上を投げ、4奪三振と今季ベストとなる12回の空振りを記録した水曜日は、少なくとも期待が持てる内容だった。4イニングを0点に抑えた中継ぎ陣の活躍もあり、大谷の偉大な夜を勝利に結びつけることができた。

「2021年以来、久々に前向きな気分になっているよ」ビューラーは語った。「自分に何かを言い聞かせたり、うまくいくよう祈ったりする必要がなかった。それよりも、マウンドで脚を上げれば球を投げられる、そんな気持ちになれたんだ。（中略）今夜寝るときにはある程度自分を取り戻していると思う。それは僕にとって大きいことなんだ」

右：「デコイ」は、大谷翔平がボブルヘッド人形で共演した愛犬、デコピンのアメリカンネーム。
イラスト：AMY MATSUSHITA-BEAL / ロサンゼルス・タイムズに提供

**左上：**写真家のエドワード・マイブリッジ（1830–1904）は、サラブレッドが走るときに四肢すべてが地面から離れる瞬間があることを、古典となった連続写真「動く馬」で世界に示した。実は、犬も同じ。大谷翔平の愛犬、デコピンが実際にそれを示してくれている。
WALLY SKALIJ / ロサンゼルス・タイムズ

**左下：**マウンドから飼い主の足もとまで走る「始球式」を終え、スターの座を奪った愛犬デコピンを抱っこする大谷翔平。ちなみに犬種の発音は難しく、オランダ原産の「コーイケルホンディエ」という。
WALLY SKALIJ / ロサンゼルス・タイムズ

LA
LA

# 大谷の「ブルペン起用」がプレーオフを勝ち抜く鍵か

ビル・プラシュケ　2024年9月12日

ドジャースが前回ワールドシリーズを制した2020年、優勝を決めた試合の最後を締めたのは、きわめて珍しいシナリオだった。

最終第6戦でタンパベイ・レイズから最後の7つのアウトを完璧に奪った投手は、シーズン中の中継ぎ登板がわずか1回しかなかったのだ。

フリオ・ウリアスはリリーフピッチャーではなかったが、ドジャースが機転をきかせて（かつ大胆にも）起用したことで、優勝につながった。

話を今年の10月に進めよう。ドジャースが同じような場面に遭遇したら、常識にとらわれない策を選び取る勇気が求められる。

では、今年救世主となる投手は誰か。

大谷翔平だ。

これは起こりうる。いや、起こさなければならない。ここはハリウッドのあるロサンゼルス、役者は大谷だ。これが……本当に起きたら、どれほど凄いことだろう。

ドジャースはこの夏ずっと、「大谷は肘手術からのリハビリ中だから投げさせない」と説明してきた。だが、リハビリ期間はもうすぐ終わるはずだ。復帰の舞台は、あと3つアウトを取ればチームのワールドシリーズ進出やその制覇が決まるシチュエーションがぴったりではないか。

ナ・リーグ優勝決定シリーズ第7戦の9回には、東地区で優勝したフィラデルフィア・フィリーズのカイル・シュワーバー、トレイ・ターナー、ブライス・ハーパーを圧倒する投手が必要だ……大谷ではないだろうか？

ワールドシリーズ第7戦の9回には、アメリカン・リーグ東地区の覇者ニューヨーク・ヤンキースのファアン・ソトやアーロン・ジャッジを威圧する投手が必要だ……大谷ではないだろうか？

まずは、治療の経過を見てみよう。

ポストシーズンが始まる頃には、大谷は試合で投げる準備ができているはずだ。すでにマウンドからの投球練習もしており、シーズン終盤には自軍の打者との実戦形式の練習も予定されている。

先発投手として準備をするには足りないが、コンディションの大幅な悪化がなければ、身体的にはスポットで3アウトを取るだけの準備ならできるはずだ。

MLBでの救援登板はないが、日本時代に何度か経験しているほか、2023年ワールド・ベースボール・クラシック（WBC）で9回から登板し、最後の打者マイク・トラウトを三振に斬って取ったシーンはまさに大谷のキャリアのハイライトだ。

身体は動く。これまでにも成功した経験がある。それに、ワールドシリーズ制覇を是が非でも成し遂げたいと強く願っていることを考え合わせると、本人は進んでやってくれるだろう。それなら、やってもらおうではないか。

最高の瞬間は、最高の投手に任せたくないだろうか？

今、勝てるチャンスがあるのに、この先10年活躍してもらうために、7億ドルも投資した選手をベンチに置いておくべきなのか？

ポストシーズンで「投手大谷」を使わない理由は数えきれないほどあるが、使う理由に比べればどれも重要ではない。

大谷にはドジャースを優勝パレードに導く力がある。

36年の長きにわたってフルシーズンのタイトルとそれに伴うお祭り騒ぎを経験していないドジャース・ファンは、パレードを切望している〔訳注：ドジャースは2020年のワールドシリーズを制覇しているが、新型コロナウイルスの影響でシーズンが短縮され、優勝パレードも実施されなかった。その前のワールドシリーズ制覇は1988年まで遡る〕。

ファンとこの街のために、タイトル獲得に向けた最善の策を講じないわけにはいかない。そのような状況が来たときに本人が進んで投げてくれるのなら、大谷をブルペンに入れないのは単純に間違っている。

このアイデアについて聞かれたドジャースのデーブ・ロバーツ監督は、完全には否定できないと認めた。

「絶対にないとは言えない…… 100%扉を閉ざすことはないよ」

ただ、大谷の登板はドラマチックではあるが難しいと述べた。

「もし私が映画の脚本や小説を書いているなら、リハビリから復帰して最後の一球を投じるシナリオとして、この舞台を即採用するだろうね」とロバーツは語った。「ただ問題は、彼が1年以上も緊張感のある場面で投げていないことだ。実際に登板してうまくいかなかった場合、怪我のリスクに見合わない。その1イニングのストレスは計り知れない。割に合うとは私には思えないな」

ドジャースのアンドリュー・フリードマン編成本部長は、このアイデアに対する意見の表

**左ページ：**大谷翔平をポストシーズンのブルペンで使うのは、大胆な起用策になるだろう。デーブ・ロバーツ監督は、大谷を投手として使う可能性はごく低いと述べた。しかし、往年のコメディ映画『ジム・キャリーは Mr. ダマー』で主人公が言うように「チャンスはあるってことだよね?」（実際には、映画と同様にその目はなかった）。
ROBERT GAUTHIER / ロサンゼルス・タイムズ

**右：**大谷翔平が最後に外野手としてプレーしたのは、エンゼルス時代の2021年。しかし、今でも試合前は外野での練習時間を楽しんでいる。
GINA FERAZZI / ロサンゼルス・タイムズ

**右ページ：**大谷翔平のマウンドへの復帰は、「100年に1人」の選手のキャリアに傷をつけないよう慎重に計画されている。しかし、たとえ投手として二度と復帰することがなくても、打者としての彼の価値は計り知れない。
ROBERT GAUTHIER / ロサンゼルス・タイムズ

明を避け、考えることすら早すぎると述べた。
「その件はまだ検討段階には程遠い。彼はまだリハビリ中なんだ」
　マイナス面は明らかだ。
　大谷の記録的な大型契約はあと9年残っていて、その価値は大谷が打者と投手の二刀流であることに基づいている。だからドジャースとしては、3つのアウトを取るためだけに投手としてのキャリアを終わらせるような肩肘の怪我のリスクを負わせるのは気が進まないのだ。
　昨年9月、大谷が2度目の肘の手術を行ったとき、2025年まで投手としては出場しないと発表された。ドジャースもそのスケジュールを突然変更することには慎重になる。大谷の代理人であるネズ・バレロを刺激することも懸念されるとあっては、なおさらだ。
　ウォームアップにはわずか1イニングしかかからず、マウンドにはわずか3アウト分しかいないのに、ルーティンを変えるとMVP級の打力にも悪影響を与えるのではないかとドジャースは懸念する。
「マイク・トラウトを打ち取ったときのようにドジャースのワールドシリーズ制覇を決めてくれたらとても嬉しいけれど、（WBCのときには）あの瞬間までに徐々に仕上げていたからね」とロバーツはWBCの結果に言及した。
　たしかに、もし大谷がマウンドに立つとしたら、きわめて大きなプレッシャーの中でほとんど準備が整わないまま、壮大な失敗に終わりかねない危険な立場に身を置くことになる。
　だが、1つだけプラス面がある。彼は大谷翔平なのだ！
　ポストシーズンで無理な登板を強いられ、残念な結果に終わった投手は枚挙にいとまがない。
　でも、彼には他者にないものがある。彼は大谷翔平なのだ！
　野球界のユニコーンの救援登板への反対意見には、この一言で反論できる。異次元さと、偉大さを象徴する、月にも届くこの一言で。
　彼は大谷翔平なのだ！
　彼はなんだってできる。彼ならできる。

new balance

# 6月末での16盗塁が、2024年を大谷にとって「特別なシーズン」にした

ジャック・ハリス　2024年9月24日

大谷翔平が今季最初の盗塁を決めたのは、開幕戦の3回表のことだ。それから次の盗塁までに、3週間かかった。

大谷が毎晩のように盗塁を成功させ、華やかに数を積み重ねる今では忘れられて無理もないが、今季の序盤には彼の盗塁を珍しく感じた時期があったのだ。

「手探りの時期があったと思うよ」一塁コーチのクレイトン・マッカローは語った。「『行くならセーフにならないと』と思っているみたいに」

3月20日に韓国で行われた開幕戦で今季初盗塁を決めてから15試合を経て、大谷はようやく2度目の盗塁を記録する。4月13～19日までの6試合で4盗塁したが、そこからは10試合にわたり盗塁なしが続き、ようやく5月3日に今季初の1試合2盗塁をマークした。

前半戦はこんな感じだった。4月末の大谷の盗塁数は、MLB25位。5月末には13盗塁で10位にかろうじて届いたところだった。

6月末のシーズンの折り返し地点で、大谷の盗塁数はわずか16。「30-30」すら確実とは言えず、「50-50」など想像すらできなかった。

しかし、状況が一変する。ムーキー・ベッツが手を怪我したことで、大谷が一番打者の座に収まった。打線が主力を欠く中で、大谷の塁上の積極性が高まった。

突然、忘れていたターボスイッチを押したか、リミッターをオフにしたかのように、7億ドルのスターの盗塁は爆発的に増えた。今季のすさまじいパフォーマンスの中でも、盗塁面ではとりわけ期待を超えた超・好成績でシーズンを終えそうだ。

「ショウヘイは自分の盗塁がうまくなったこと、もっとうまくなれることに気づいたんだろうね」デーブ・ロバーツ監督は言う。

「7月と8月には、一塁に出るたびに盗塁を狙っているようだった」マッカローが付け加えた。「そして、セーフになるんだ」

実際、7月4日以降の69ゲームで、大谷は39回盗塁して刺されたのは2回だけ。6戦以上連続で盗塁がなかった期間もない。さらに、ナ・リーグ優勝を決める天王山、パドレスとの3連戦が迫る今、過去5戦すべてで盗塁を記録している。

「彼は使命感を抱えているんだ」とロバーツは語る。「こんなに長い間集中力を保っていられるなんて信じられないね」

これは、盗塁のみならず大谷のプレーすべてに当てはまる。3回目のMVPはほぼ確実。現時点で53本塁打、123打点、OPS1.023はいずれもリーグ1位。さらに55盗塁はリーグ2位、打率.301はリーグ3位だ。

MLB全体で大谷を盗塁数で上回る選手はシンシナティ・レッズの遊撃手エリー・デラクルーズただ1人で、現時点で65回。しかし、盗塁死も16回あり、大谷はわずか4回。大谷の盗塁成功率93.2%は、これまでMLBでシーズン50盗塁以上を記録した全選手のうち2位に入る。

大谷は先週、史上最も異論のなさそうなナ・リーグの週間MVPを受賞した。直近7ゲームで、32打数16安打、6本塁打、17打点、そして先週木曜日のマイアミでは史上初のシーズン50本塁打50盗塁に到達した。しかも、まだ「60-60」、すなわちシーズン60本塁打60盗塁の可能性をわずかながら残している。

そして、ドジャースがポストシーズン進出を確実にし、ナ・リーグ西地区優勝にもぐっと近づく中で、大谷は初のプレーオフ出場に向けギアを上げている。7年間、850ゲーム以上の間、待ち続けていた10月が、ついに、ついにやってくるのだ。

「アメリカに来てから夢に見ていた舞台です」大谷は日本語で言った。

それは、今季成長を続ける盗塁スキルがフルに発揮される舞台でもある。

「ポストシーズンでは1試合の重要性がグッと増します」先週、大谷は付け加えた。「先の塁を陥れられれば、チームにとってもいいことだと思います」

今年に入って大谷の盗塁数が増えることは十分予測できた。トミー・ジョン手術からのリハビリのため投手としての出場ができない中、盗塁ならチームの勝利に貢献できる。春先には、チームのパフォーマンスコーチやストレングス&コンディショニングコーチと協力して、敏捷性アップとストライドの見直しに着手。エンゼルス時代の6シーズンで20盗塁以上を2回記録した彼は、さらに盗塁数を

**左ページ：**大谷翔平は、開幕戦で盗塁を決めてから次に盗塁するまで3週間かかった。だが、驚くべきことにそこから挽回して驚異的なペースで盗塁を重ねていった。
WALLY SKALIJ / ロサンゼルス・タイムズ

**右：**このプレーでは、大谷のほうが相手選手より二塁での体勢がよさそうだ。レギュラーシーズンで大谷が決めた59盗塁のうちの1つ。
ROBERT GAUTHIER / ロサンゼルス・タイムズ

増やしたいとコーチ陣に申し出た。

「彼は本当にパワフルで、強さとスピードを兼ね備えている」ドジャースの特別補佐を務めるロン・レニキーは、大谷が持つスピードと爆発力にうっとりしながら、今シーズンの開幕前に語った。

「NFLでは（そのような能力を）見ることがあるけれど、これほどのスピードと強さは野球ではあまり見かけないね」

しかし、大谷がさらに加える必要があったのは、いつ盗塁し、どうタイミングを取るかという「判断力」の部分だ。ここで重要な役割を果たしたのがマッカローで、彼は対戦チームが変わるたびに投手のクセに関するレポートをドジャースの全野手に伝えていた。シーズンが進むにつれ、大谷は自分でそうしたヒントを見つけることに関心を持ちはじめる。ダグアウトでストップウォッチを持って動画を見直すこともあったという。

「ピッチャーを観察して、クセを学ぶのが好きなんだと思うね」ロバーツは言う。「好奇心をそそるんじゃないかな」

大谷がさらにアクセルを大きく踏んだのは後半戦に入ってからだった。本人はこの変化に特別なきっかけがあるわけではないと言い、盗塁に関しては「行けると思ったら積極的に行くという感覚です」とシンプルに語った。

ロバーツもマッカローも、チームが指示を与えたわけではないと強調した。

「僕たちは、『もっとアグレッシブになって、（次の塁に）行ってほしい』みたいなことは言っていないんだ」とマッカローは言う。

マッカローは、盗塁に対する大谷の考え方が徐々に変わったことに気づいたという。シーズン前半は盗塁死をやや警戒しているようだったが（ちなみに、2021年にMLBキャリアハイの26盗塁をマークした際の盗塁死は、両リーグ最多の10回）、後半は積極性が上がった。そこに1番への打順変更が重なった。

「彼は打撃や投球と同じように、（走塁でも）熱く燃えるようなんだ」とマッカローは語る。「盗塁してセーフになって、気分が上がり、リ

**左：**アトランタ・ブレーブスの二塁手、オジー・アルビーズがグラブを掲げて審判にアウトをアピールしたが、失敗に終わる。レギュラーシーズンで大谷が決めた59盗塁のうちの1コマ。
WALLY SKALIJ / ロサンゼルス・タイムズ

ズムができて、すべてがうまくいく」

まもなく、大谷の盗塁は当然視されるようになる。全メジャーリーガー中、上位3分の1の平均スプリント速度を誇る大谷は、7月23日以来、盗塁死はゼロ。

「以前は、あまり盗塁がうまいようには見えなかった。一歩目の速さがいまいちだったんだ」とロバーツは語る。「でも今は、特に投手と打者がよく見えるホームの三塁側ダグアウトから彼を見ていると、的確な動きをしているようだね」

大谷はドジャースの10月の流れも変えてくれそうだ。ドジャースが2023年のポストシーズンでアリゾナ・ダイヤモンドバックスに3連敗を喫したときはチーム全体で盗塁ゼロ。2022年にサンディエゴ・パドレスに敗れたときもチーム全体で3回しか盗塁を試みておらず、そのうち成功したのは2回だった。

マッカローは大谷の盗塁について次のように語る。

「前に比べてとりたてて準備を変えたというわけではないと思う。単に今のほうが自信を持って走っているんじゃないかな」

さらに、シーズン60-60達成の可能性もある。

「彼は本当に特別なシーズンを送っていて、順調に進んでいると気づいているだろう」とロバーツは分析した。

「それをもう少しだけ特別にするには、さらに若干の盗塁を重ねることだね」

Dodgers
HERNÁNDEZ
37

# チームメイトを惹きつける大谷翔平の「プレー」と「人間性」

ジャック・ハリス　2024年10月1日

質問は、単純だった。そしてその答えは、驚くほど似ていた。

ドジャースの選手たちは今年、大谷翔平のことをどのくらい知れたのか？

30歳のスーパースターの性格について、新しいチームメイトの何人かは似たような感覚を持っている。彼らは大谷の成功が、意外な二面性にあるとみている。

「(大谷は) 遊び心があっておどけることもあるし、プレーを本当に楽しんでいるように見えるよ」ベテランのユーティリティプレイヤー、クリス・テイラーは言う。「一方、すごく集中して、一心不乱にプレーに打ち込んでいるときもある」

キャッチャーのオースティン・バーンズも頷く。「すごく真面目。でも、ジョークも言うし、いたずらして笑わせてくれる」

「子どものように楽しく試合に向き合うのに、大人の男としてプレーする」リリーフ投手のブレイク・トライネンが言う。

「小さい子どもが大きな体の中に閉じこめられているみたいなものさ」キケ・ヘルナンデスが話す。「いつも表に出しているわけではないけれど、人間的な魅力があるんだ。あまりに個性的でびっくりしたね」

実際、今年の彼は、54本塁打、59盗塁、打率.310、130打点という活躍で、3度目のMVPは確実とみられる。ドジャースを優勝に導き、土曜日からはいよいよポストシーズンに入る。そんな今季の活躍と同じくらい、大谷の舞台裏での適応力はチーム関係者にとって特筆すべきものだった。

大谷は冗談を言うタイプではないし、グラウンド外での派手な言動で注目を集めるわけでもない。しかし、昨年12月に締結した10年7億ドルの大型契約の最初のシーズンで、ドジャースの選手たちの間に陽気なキャラとしての評判を築いた。

「まだあまり自分をさらけ出さないけれど、彼はみんなと同じように見られたいんだと思うよ」デーブ・ロバーツ監督は語る。「毎日、チームの中ではいろんなやり取りがあるが、彼がいない瞬間なんてないし、積極的に関わってくれるよ」

先週のレギュラーシーズン最終戦の朝、試合前ののんびりしたクラブハウスで、大谷の笑い声が響き渡った。

クラブハウスの隅で、大谷とテオスカー・ヘルナンデスがロッカー前で大笑いしていた。大谷は声を上げた。満面の笑みを浮かべている。

ヘルナンデスは大谷のユーモアのセンスについて「最高だよ」と述べた。「あと、噂ほど寡黙じゃないね」

だがほどなくすると、大谷の関心は試合前の準備に移った。一塁ベースコーチのクレイトン・マッカローの隣に座り、その日の投手の調査レポートを真剣にiPadで読み、盗塁プランを練る。

「自分を表に出さない男だとみんな言うが、クラブハウスの中でチームメイトと接している姿は素晴らしいよ」ベテラン投手のクレイトン・カーショウが言う。「同時に、ショウヘイがとにかく勝ちにこだわっていることもよくわかる」

これが、今季ドジャースの選手たちが高く評価する大谷のキャラクターだ。

あるときは快活。「いつも明るいし、おちゃめな一面も見せてくれる」とトライネンは語る。

かと思えば、一心不乱の集中力を見せる。「特別な才能だね」とテイラーは言う。「ものすごく集中して、目の前のことに打ち込むんだ。そして、野球への取り組み方も素晴らしい」

大谷はMLBのキャリアを通して「とにかく野球に打ち込む」姿勢で知られてきたが、ドジャースにやってきた当初はあまり他人に心を開かないという噂もあり、おおらかな部分は知られていなかった。

春季キャンプが始まったとき、大谷のそばにはいつも長年の通訳・水原一平(当時)がいて、のちにロバーツが語ったように、チームの面々との間には壁があった。最初のうち、チームメイトとのやりとりの多くはグラウンド上での練習時に限られていて、クラブハウスでは距離があった。水原はチームメイトへのメールを大谷の代理で送っていて、大谷本人はチームのグループチャットにもほとんど参加していなかった。

水原がいた頃の大谷とのコミュニケーションは「難しかった」とロバーツは語る。しかし3月後半、ドジャースが韓国で開幕戦を

**左ページ：**チームの絆を深める工夫は様々だ。でも、ひまわりの種を使うのは変わっている？　シーズン序盤にホームランを打った大谷へ、テオスカー・ヘルナンデスが「ひまわりの種シャワー」を浴びせる。
ROBERT GAUTHIER / ロサンゼルス・タイムズ

上：指名打者の大谷翔平は、おそらく本人が望んでいるより長い時間をダグアウトで過ごしている。だが彼の存在は、ドジャースがレギュラーシーズン162試合、そしてポストシーズンを最後まで戦い抜くための、力強い支えになっている。
WALLY SKALIJ / ロサンゼルス・タイムズ

戦った翌日、水原の窃盗と賭博癖が明らかに。そして、チームがアメリカに帰国した頃には、大谷とチームメイトたちの間に新たな関係が生まれつつあった。チームメイトは大谷に寄り添い、スキャンダルに関して彼が無実であることを一切疑わなかった。

「彼は（水原通訳がいなくなった）この状況に身を置くことで、自分がチームの一員であると実感したのかもしれない。僕たちが彼の味方になり、公私ともに最悪の時期を支えようとしたことに感謝してくれたのかもしれない」とキケ・ヘルナンデスは語る。「ただ、それをきっかけにして、彼の性格や意外な一面を知って、驚いたよ。あの事件がなくてもいずれわかったのかもしれないけどね。彼は僕たちの大事な仲間だ。チームに迎えられて嬉しいよ」

大谷と同じ移籍組で、ドジャース1年目のテオスカー・ヘルナンデスは、早くから大谷との絆を結んだ。母語であるスペイン語の初歩を教え、お返しに大谷は日本語を教えた。

ヘルナンデスは、時が経つにつれ互いの言葉のレッスンは減ったが、友情は深まったと語る。「（2人の関係は）良好だよ。これからもできるだけ親しい関係でいたいね」

大谷の明るさを覗かせる、こんな出来事もあった。シーズン序盤、シカゴ・カブスの本拠地リグリー・フィールドの試合が雨で中断したことがあった。すると、クリケットのバットを持ってバッティング練習を始め、チームメイトたちの笑いを誘ったのだ。

「彼は快活で、茶目っ気があり、よく冗談を言うよ」ストレングス&コンディショニングコーチのトラヴィス・スミスは言う。「四六時中、真面目な顔をして野球に集中しようとする選手もいる。でも（大谷が独特なのは）普段は明るくておもしろいのに、グラウンドに出ると気持ちが切り替わるところさ」

チームの飛行機で大谷の近くに座ることが多いリリーフ投手のアレックス・ベシアは、熟睡ぶりで知られる大谷がよく通路に手足を投げ出し、6フィート4インチ（約193センチ）の大きな体の一部を通路にだらんと伸ばしている姿を思い出して笑った。

「とにかく気さくな、普通の人間だよ」ベシアは言う。

大谷が日本のアニメが好きなところにも、ドジャースのチームメイトは好感を寄せる。6安打を放ちシーズン50本塁打50盗塁を決めた、歴史に残るマイアミの試合の夜でさえも「バスに乗ったらアニメの話をしていた」とリリーフ投手のジョー・ケリーは言う。

「野球がうまいだけじゃなくて、世界的な有名人なのに、ストレスで辛そうなところを一度も見たことがない。それが一番クレイジーだよ」

とはいえ、大谷が（不本意ながら）引き寄せた、スター目当てに群がる人々が、今季のドジャースに負の影響を及ぼさなかったわけではない。

ロバーツ監督が春季キャンプで、（のちに放出された）ジェイソン・ヘイワードを大谷目当てのメディアの大群に対応する「非公式のスポークスマン」に任命すると冗談交じりで言ったら、翌日何十人もの記者がこのベテランに押しかけた〔訳注：ロバーツは現役時代、バリー・ボンズのチームメイトで、ボンズ目当てに押しかけるメディア相手のコメント役を引き受けたことがある〕。

ヘイワードはこの役割をうまくこなしたが、「ショウヘイについて語るなら本人が一番だ」とも記者たちに伝えた。もっとも、大谷がシーズン途中に試合前のメディア対応を断るようになったので、こうした記者との接触も徐々に減っていった。

また、3月のドジャースのホーム開幕戦では、何人かの選手がクラブハウスに詰めかけた記者たちにあからさまに不快感を示し、これほど多くの記者がいると選手の日常に支障をきたすと不安を口にした。

それから半年。いまや多くの選手やコーチが、地元ロサンゼルスから日本で放送されるテレビ番組まで、数えきれない大谷関連のインタビューに協力している。

こうした煩わしさも、グラウンド上での大谷のパフォーマンスと、グラウンド外での人柄の良さで十分に埋め合わされている。

同じくスーパースターのムーキー・ベッツは、ドジャースのホーム最終戦で、大谷はチームをプレーで引っ張っているかと聞かれこう答えた。「もちろんだ。彼にはそれだけの能力があり、だからこそ7億ドルの価値がある。僕らは彼をサポートするだけさ」と答えた。

その数日前、「50-50」が達成されてから初のホームゲームで、カーショウは大谷の最初の打席前に即興でダグアウトから拍手喝采を送った。

「彼は心から本気で（勝ちたくて）、ポストシーズンの戦いに胸を躍らせている。素晴らしいことだ」カーショウは語った。「僕たちはチームとしてエネルギーをもらっているよ」

どのコメントも、大谷が新しいチームメイトになじめたことを物語っている。

上手だとチーム関係者によく褒められる英語で、皆を和ませる。ダグアウトではチームメイトを励ます。グラウンドでは、その親しみやすさからは想像もできないような集中力を発揮する。シーズン中の日々のルーチンを真面目にこなす。こうしたことが、大谷と新しいチームとの隔たりを埋めてきた。

「彼の性格はよくわかってきたよ」キケ・ヘルナンデスは言う。「ショウヘイの人となりがわかり、彼も含めたみんなが心地よく過ごせているのが嬉しいね」

**上：**大谷翔平は変に目立ちたがることはしないが、陽気で楽しい雰囲気をクラブハウスにもたらし、チームに愛されている。
WALLY SKALIJ / ロサンゼルス・タイムズ

RESORT &
LA
new balance
LA

THE BIG PAYOFF　大きな収穫

# 大谷抜きのワールドシリーズ？ それでもドジャースは優勝できる

ディラン・ヘルナンデス　2024年10月27日

突然、「パーティー」が中断された。

7回に盗塁死した大谷翔平が、起き上がれず悶絶している。

ドジャー・スタジアムは静寂に包まれた。

トレーナーの中島陽介が現場に駆け付けたとき、FOXスポーツの中継が日本語の会話をとらえた。

「肩っすね」

「んー？」

「肩」

「どっちの肩？」

「左」

「左の肩。外れた？」

「たぶん」

デーブ・ロバーツ監督が発表した当初の診断は、左肩の亜脱臼だった。

土曜日の夜、ニューヨーク・ヤンキースに4対2で勝利したドジャースは、ワールドシリーズでリードを2勝0敗に拡げたにもかかわらず、やや沈んだ雰囲気に包まれていた。

ロバーツは大谷の状態について前向きにコメントしたものの、ドジャースは史上最高の野球選手を欠いてワールドシリーズを戦うことになりかねない。

「トレーナーに腕を支えられてベンチへ引き返したんだから、それは心配になるよ」一塁手のフレディ・フリーマンは語った。

ロバーツはMRI検査が終わるまで大谷の出場について明言できないと話した。ワールドシリーズはヤンキー・スタジアムで月曜日に再開される。

検査結果にかかわらず、ドジャースはワールドシリーズを勝たなければいけない。

先発投手陣はヤンキースと同等。救援陣はかなり上。打線は、大谷抜きでも相手を上回っている。

大谷に匹敵する打者といわれるヤンキースのアーロン・ジャッジは不調で、ポストシーズンの打率はわずか.150。ワールドシリーズ最初の2戦は、9打数1安打6三振に沈んでいる。

ただ、このワールドシリーズには、もっと重要な意味がある。

テオスカー・ヘルナンデスはスペイン語でこうコメントした。「個人的には、彼にシーズン最終戦を逃してほしくないんだ」

今年は大谷の年だ。韓国で行われた開幕戦から、史上初のシーズン50本塁打50盗塁の達成まで、あらゆるシーンで野球界の話題をさらってきた。

大谷は野球界の顔以上の存在で、今や「野球そのもの」なのだ。

ドジャースがワールドシリーズで優勝したその瞬間、大谷がそこにいなかったら、どれほど悲しいだろう。

ヘルナンデスをはじめ、ドジャースのチームメイトは誰より知っている。大谷がこのシーズンにどれだけ打ち込んできたか。メスを入れた肘のリハビリと並行して、3度目のMVPに選ばれるほどの数字を積み上げられるようどれだけ準備を整えてきたか。もちろん、彼らは大谷にいてほしいに決まっている。

「彼がプレーできるといい」ヘルナンデスは語った。

ロバーツ監督も、大谷がポストシーズンの試合にもう出られないとは認めなかった。

「打線にいてくれることを期待しているよ」

しかし、仮に大谷が出られなくとも、ドジャースはヤンキースに勝ち切るだけの戦力を備えているはずだ。

「僕たちは確実に何とかするよ」外野手のムーキー・ベッツが語った。

今季のドジャースはベッツのいない長期間を耐え抜いた。フリーマンのいない期間も無事だった。大谷抜きで数試合を耐え抜くことはできるだろう。

「僕が離脱していたとき、みんなに励まされた。今度は彼に同じことをする番さ」フリーマンは語った。

実際、彼らはすでに実行していた。ワールドシリーズの最初の2戦で大谷は8打数1安打だったが、ドジャースは両ゲームに勝利したのだ。

土曜日の夜の勝利から2分後、大谷はクラブハウスを後にした。セキュリティガード、中島トレーナー、ウィル・アイアトン通訳が脇を固める。大谷は身の回りのものを右手に持

**左ページ：**ドジャース・ファンが固まったスライディング。大谷翔平は、ワールドシリーズ第2戦の7回、二塁へスライディングしたときに、左肩を亜脱臼した。
WALLY SKALIJ / ロサンゼルス・タイムズ

っていて、左手には何も持っていない。
「これ、持ってくれる?」大谷はアイアトンに頼んだ。
　大谷はエレベーターに乗り込んだ。ワールドシリーズの残りの試合で、彼の役割はまだ決まっていない。
　日本の地方で高校生だった頃から夢見ていたワールドシリーズの舞台を、彼は勝ち取るべきだ。いつか野球殿堂入りした暁に、その経歴に華を添えるチャンピオン・リングも受け取るべきだ。
　だがその優勝は、彼が、あるいは他の人が夢見たような形で起こるかはわからない。

**上**：7 回に肩を負傷し、スタッフに付き添われてベンチに下がる。問題が起きたのは明らかだった。大谷はワールドシリーズの第 3 戦で復帰したが、パフォーマンスに影響があったことは否定できない。
ROBERT GAUTHIER / ロサンゼルス・タイムズ

**左**：二塁にスライディングした直後に、苦痛の表情を浮かべる。誰が見ても痛みが大きいことがわかる。
GINA FERAZZI / ロサンゼルス・タイムズ

LA
new balance

# 痛みと大谷。ワールドシリーズ第3戦への出場は「当然」だった

ディラン・ヘルナンデス　2024年10月29日

ニューヨーク――土曜日、大谷翔平が肩の亜脱臼の検査を受けるためにドジャー・スタジアムを離れたとき、ベテラン遊撃手のミゲル・ロハスが無事を祈るテキストメッセージを送った。すると、大谷からロハスに歌が送られてきた。

大谷をテーマにした歌だった。

「ファンが大谷のために作った歌らしいよ」ロハスは笑って振り返る。

ロハスはその曲を、ロサンゼルス国際空港へ向かうドジャースのバスの中で再生した。

「みんなその歌をすごく気に入っていた」

また、大谷は選手のグループチャットに、明後日、ヤンキー・スタジアムでワールドシリーズが再開するときには自分もプレーできる、という内容のメッセージを送った。

「チームの士気は下げたくないですしね」と大谷は日本語で語った。

大谷は約束通り、月曜夜の第3戦に出場。「10月の魔法」を保ったドジャースはニューヨーク・ヤンキースに4対2で勝利し、シリーズ成績を3勝0敗とした。

だが大谷は肩が痛そうで、バットを振る際、顔をしかめているようだった。

怪我をした肩を固定するためか、彼は出塁したとき、三角巾で腕を固定する代わりにグレーのビジターユニフォームの首元をつかみながら走り、ベンチでは関節を温める装具を着けていた。

だがこの試合で、大谷は「チームの象徴」以上の形で勝利に貢献する。試合開始直後、ヤンキースの先発投手クラーク・シュミットから四球を選び、フレディ・フリーマンのツーラン・ホームランで生還。

3回は内野ゴロに倒れたものの、その間に二塁へ進塁したトミー・エドマンが、ムーキー・ベッツのタイムリーでホームベースを踏んだ。

9回にも出塁した。ヤンキースの守護神ルーク・ウィーバーの投じたカットボールが左足のつま先をかすめたのだ。

大谷の状態が万全でないことは試合から感じられた。しかし、ゲーム後の会見ではいつもの控えめな姿勢を崩さず、自身の怪我の痛みすらはっきりとは認めなかった。

「打席の中ではあまり覚えていないというか、顔に出ていたかどうかよくわからないんですけど、考えてはいなかったですね」と大谷は語った。

スイングと走塁のどちらが痛むかを尋ねられると、大谷は一瞬間を置いてから次のように答えた。「試合の中ではもう痛い、痛くないはあまり考えていません。痛くないという気持ちでやっています」

また、ドジャースが勝利を収めた第2戦の7回、盗塁死の際に怪我をしたが、最初に気になったのはセーフになったかどうかだったと語った。

「セーフかと思いました」と大谷は言った。

大谷は試合に「出る」努力については否定的だった。

「出る準備をするのは当然です」

大谷はフリーマンも足首の捻挫を我慢してプレーしたと言い、他のチームメイトと同じことをしているだけだと説明した。

「みんなが必ずしも万全の状態で出ているわけではないので。痛みを抱えながら出ている選手も多いと思います」

強いて言えば、右肩を怪我したほうがスイングがさらに難しくなるので、怪我をしたのが左肩でよかった、とも述べた。

「不幸中の幸いだったのかなと思います」

大谷は左肩をテーピングして出場。左腕を胸元でつかんだまま走塁した理由として、「スライディングしたときに左手が怪我をしたときと同じようなモーションに入ると、今の状況だと外れる場合が多いので、それを防ぐためです」と説明した。

シーズン終了後に手術が必要になるかどうか聞かれると、「そこまでの話は特にはしていません」と答えた。

そして、ワールドシリーズの後に再検査することになると予想してから言った。

「今の段階では問題ないんじゃないかと思います」

大谷が終始冷静だった一方で、彼がいることでチームの雰囲気は高まっていた。

「本当によかった」ムーキー・ベッツは言った。「重要なのは、彼が大丈夫だったこと。打線の中での存在感が大きいからね」

ベッツのコメントを裏付けるように、大谷は亜脱臼を患っていながらシュミットに威圧感を与え、プレイボール早々ストレートの四

**左ページ：**ワールドシリーズ第3戦に戻ってきた大谷翔平だが、負傷した肩を気にしていた。
ROBERT GAUTHIER / ロサンゼルス・タイムズ

球をもぎ取った。
「ショウヘイは初めてプレーオフに出るチャンスをつかんだんだ。特別なことを成し遂げる前に離脱されたら辛すぎる」ロハスは述べた。「彼はラインナップにいなければいけないんだ」
　デーブ・ロバーツ監督は、大谷が第４戦にも「出場するだろう」と語っている。

**右：**ワールドシリーズ第３戦、試合前半のダグアウト。大谷が何らかの痛みを感じているのは間違いない。
ROBERT GAUTHIER / ロサンゼルス・タイムズ

**右ページ：**ワールドシリーズ第３戦、大谷翔平は３打数ノーヒットに終わった。ドジャースの一番打者は、明らかに肩の亜脱臼の影響を受けていた。
ROBERT GAUTHIER / ロサンゼルス・タイムズ

STRAUSS
34
LA

奥州市出身
THE PRIDE OF
OSHU CITY
奥州市

# 大谷翔平の故郷、岩手県・奥州市。その才能と人格の聖地

マックス・キム　2024年10月30日

左ページ：大谷翔平の愛犬デコピンも、大谷の生まれ故郷である奥州市の大スターのようだ。水沢駅近くに掲示されている看板。
EUGENE HOSHIKO / AP通信

奥州市、日本——岩手県奥州市にある美容院「Seems hair&spa」はドジャースのグッズで埋め尽くされているが、オーナーの菅野広宣は、自分は本物のドジャース・ファンではないと言って憚らない。

午前9時を少し回った頃、長い金髪を後ろにまとめた63歳の菅野は、ワールドシリーズ第4戦のテレビ中継にチャンネルを合わせるために、急いで店に戻ったところだった。

ドジャースのスーパースターである大谷翔平の生まれ故郷のほとんどの人と同じく、菅野も、今日、長年のライバルであるニューヨーク・ヤンキースを下して、全勝で世界一を決めてくれると固く信じていた。

それでも、菅野はドジャースよりも大谷個人を応援していることを隠さない。ここ奥州市で生まれた大谷は、MLBの選手や観客を魅了するだけではなく、地元の町ぐるみの応援も受けている。

もし明日、何かの間違いで大谷がヤンキースに移籍したら？　菅野はドジャー・ブルーのユニフォームをヤンキースのストライプに換えるだろうか？

「もちろんです」菅野はためらわずに言った。

もっとも、大谷はドジャースと10年契約を結んでいるので、菅野もドジャースを10年応援してくれるだろう。

菅野が決めたルールにより、ワールドシリーズの間、所属する美容師は妻も含めて全員がドジャースの青いユニフォーム姿で接客する。

店内では2人の客も試合を観ているが、野球に関心があるかはわからない。菅野が大谷の試合を見逃さないよう全席にモニターが設置されているため、自分でチャンネルを選んだわけではないからだ。

試合開始直後は、ドジャースが優勢だった。

待合スペースの大型テレビでは、フレディ・フリーマンがまたも初回からホームランを放った。妻のサツキと別の美容師のケイコが、「フリーマン！」と叫ぶ。

美容院の店内には、大谷博物館のようなスペースがある。そこは天井から床まで、菅野が11年間と10万ドル（約1500万円）近くをかけて収集した大谷関連のグッズで溢れている。サインボール、何十体ものボブルヘッド人形やフィギュア、ユニフォーム、キャップ、スパイク、バッティンググローブ、そしてドジャースのユニフォームに身を包んだ大谷の等身大ボード。

菅野お気に入りの一品は、昨年のワールド・ベースボール・クラシック（WBC）の決勝戦でアメリカ代表を破って優勝した、侍ジャパンの全員がサインしたキャップ。その価値はプライスレスだ。

「詳しくは言えないんですが、チームにちょっとしたご縁があるんです」と菅野は言う。

昨年だけで、日本人と外国人合わせて約1000人のファンが、グッズをひと目見ようと店を訪れた。畏敬の念を抱く人も、はち切れそうな情熱をあらわにする人もいる。

特に熱心なファンは台湾人の若い女性で、年に1度店を訪れ、新たなコレクションに感嘆の声を上げている。

最近の来店時には、大谷の妻・真美子さんと同じヘアスタイルにしてほしいと注文した。

「もちろん、リクエスト通りに仕上げましたよ」菅野は微笑んで、壁に飾ってある大谷夫妻の写真を指差した。

・・・

菅野がコレクションを始めたのは2013年。1つ目は、大谷が18歳のときに入団した北海道日本ハムファイターズの試合を観戦したときに手に入れたサインボールだ。

菅野が生まれ育った奥州市にとっては暗い時代だった。

2年前の2011年、奥州市のある東北地方は東日本大震災に見舞われた。死者は1万5000人以上にのぼり、地震に伴う津波によって福島第一原子力発電所の事故が発生した。

被災地の人々にとって、地元の天才野球少年がプロ野球で活躍するニュースは心の支えになった。

「大谷選手が地域の人々の希望を象徴しているような気がしましたね」菅野は語る。

サインボールを入手したのは、ちょうど菅野自身が人生の再スタートを切った時期に重なる。

若いとき、菅野は一日中仕事に打ち込む売れっ子美容師で、国際的なコンテストにも入賞し、世界中を出張で飛び回っていた。さらに、大手美容企業の幹部としても活躍した。

Angels
OHTANI
16
Dodgers
Dekopin
OHTANI
17
SHOHEI OHTANI
MVP
目指せ
優勝！

しかし、40代後半になって、妻のサツキに言われた。「あなたは仕事ばかりしているけれど、お金のためだけの仕事で、家族の幸せのためじゃない」

妻の言うとおりだった。菅野はショックを受けて、それまでの見せかけの〝良い生活〟を捨て、2010年に「Seems hair&spa」をオープンした。

「生まれ故郷で自分の店を持って落ち着いて、気軽におしゃべりして、ゆっくりしたペースで生活したいと思ったんです」と菅野は語った。

こうして、この大谷博物館のような美容院が生まれた。

奥州市は人口10万8000人ほどの地方都市で、「活気あふれる中心部」とは言い難い。牧場、りんご農園、鉄器などで知られる市内の道は、時折静まり返ることもある。しかし、このコレクションのおかげで、菅野は世界と驚くほどつながるようになった。

その人物の1人に、MLBの元選手で現在ドジャース専門放送局のアナウンサー、ホセ・モタがいる。

「しょっちゅうチャットしているんですよ」菅野は語り、スマホを取り出した。

昨日、菅野はそのスマホで、奥州市が地元の文化会館で主催したワールドシリーズのパブリックビューイングで、ドジャー・ブルーのユニフォームを着たたくさんの観客と一緒に撮った写真をモタに何枚も送っていた。

「素晴らしいね」とモタは返信していた。

・・・

第4戦の3回、第2戦で肩を亜脱臼した大谷がバッターボックスに立った。

「昨日よりいいスイングをしてる」と菅野が観察する。

しかしポップフライに倒れる。

「ああ……まだ怪我の影響があるのかも」とがっくりする。

奥州市の多くの人々と同じように、菅野は地元ならではの方法で大谷を守りたいと思っている。

たとえば市外の人は、大谷がほぼ毎年両親に会うためにここに戻ってくることをほとんど知らない。

昔からの住民には帰国のスケジュールを知る人も多いが、メディアにそのスケジュールや両親の住まいをばらさないという暗黙の了解があるという。

「たとえば奥州市の人は、大谷選手と家族がどのレストランに行くか知っているわけです」と菅野は語る。

「でも、メディアには言いません。生まれ故郷で安心してほしいからです」

これは菅野にとって侵すことのできないルールだ。

彼は、「大谷選手の両親の住所をこっそり教えてくれないか」と尋ねてくるような記者は追い払う。

いつか市内に公認の大谷博物館を作りたいという夢もある。しかし、たとえ本人の了承を得るために両親のつてを頼れたとしても、そうした手段は使いたくないと思っている。

「奥州市民として、純粋な形で彼をサポートしたいんです」

・・・

8回までにパーマの予約が1件キャンセルされたので、菅野は勝利がドジャースの手からこぼれ落ちるのをじっくりと観戦することになった。

3回にヤンキースのアンソニー・ボルペが満塁ホームランを放ち、菅野ががっくりうなだれると、その後もヤンキースは得点を重ね、最終的に11対4で勝利し全敗を阻止した。

「今日はヤンキースに軍配が上がりましたね」と菅野は言った。

菅野は、ドジャースがワールドシリーズで優勝すると確信しているが、「奥州市の誇り」である大谷が、この1回のワールドシリーズだけではなくもっと先を見据えていることも理解している。

「大谷選手は最高の野球選手になりたいと思っています。終わりのない旅路です」と菅野は言う。

数々の栄誉以上に、菅野が大谷について何より尊敬するのは、自分が年を重ねてからようやく悟ることができた人生の教訓を、若くして見出しているように思えることだ。

「大谷選手は若いときから、人生に必要なことや、何を優先すべきかをわかっていたんです」

待合スペースの小さなテーブルに置かれたさまざまな雑誌や大谷関連の書籍から、菅野は1つを拾い上げ、大谷が高校1年生のときに作った「マンダラチャート」を見せてくれた。人生の目標を、互いに関連付けられた四角形のマスに並べたものだ。

チャートには、「フォーク完成」や「体幹強化」など野球に関する目標と並んで、菅野が奥州市で学び直している「人間性」の項目がある。「感性」「思いやり」、そして信頼され、愛される人間になることだ。

特別協力：モモ・ナガヤマ特派員

**左：**菅野広宣は、大谷の生まれ故郷である東北地方の奥州市で、私設ファンクラブの代表を務めている。グッズのコレクションは、彼が経営する美容院に展示されている。
EUGENE HOSHIKO / AP通信

**上：**奥州市で行われたワールドシリーズのパブリックビューイングに詰めかけたファン。誰を観に来ているかは言うまでもない。
EUGENE HOSHIKO / AP通信

**右：**ゴールデン・パラシュート〔訳注：企業の買収防衛策の１つで、役員の退職金を高額に設定することで、買収コストを引き上げ、役員が解任された場合に企業価値が下がるようにする策〕という用語がある。では、ゴールデン・ハンドシェイクは？　金色に塗られた真鍮製の握手像は、大谷翔平の生まれ故郷である奥州市の市立施設にある。
EUGENE HOSHIKO / AP通信

HTANI

LA
Dodgers
17
LA

# 大谷翔平はいかに自分を奮い立たせ、ワールドシリーズ覇者になったか

ディラン・ヘルナンデス　2024年10月31日

ニューヨーク――大谷翔平は腕1本でバットを振った。

4日前に肩の亜脱臼に見舞われ、状態は万全ではなかった。実質的に、ドジャースにとって大谷はいわば相手を翻弄する、「おとり」のような役回りだったのかもしれない。偶然か否か、それはいまや世界にその名を知られる愛犬の名前と同じだ〔訳注：愛犬デコピンの英名デコイ（decoy）にはおとりの意味がある〕。

しかし大谷は、そんなことは気にしていなかった。

とにかく打ちたかった。ワールドシリーズ第5戦、試合を決定づけた8回。ウィル・スミスが四球を選ぶと、大谷は勇んでネクストバッターズサークルに入った。

しかし、打順を1つ間違えていた。

次打者のギャビン・ラックスがダグアウトから出てくる。勘違いに気づいた大谷は、一度ベンチへ戻った。

ラックスは笑って大谷に声をかける。「落ち着けよ、俺が先だ」

ラックスが犠牲フライを放ち、チームは同点に追いつく。その後、ムーキー・ベッツの犠牲フライで勝ち越し。ラックスの後に打席に立った大谷は、打撃妨害でなんとか出塁した。

だがこの試合での彼の気持ちを何よりも物語っていたのは、ネクストバッターズサークルに一足早く入ってしまった出来事だろう。

大谷は、重要な場面で打席に立ちたかったのだ。たとえベストではなくても。この大一番で、彼は恐れを抱いたりはしなかった。

この4年間、大谷は世界最高の野球選手として活躍してきた。そして10月30日夜、ついにワールドチャンピオンに輝いた。その偉業達成の舞台となったのはヤンキー・スタジアム。ロサンゼルス・ドジャースは7対6でニューヨーク・ヤンキースを破り、ワールドシリーズを4勝1敗で制した。

ビジター用クラブハウスでチームメイトからビールやシャンパンを浴びせられながら、大谷は優勝トロフィーを掲げ、「ただただうれしい」と日本語で話した。

ワールドシリーズ優勝は、ドジャース史上、「最高のシーズン」を締めくくるにふさわしかった。大谷は今季、史上初となる「シーズン50本塁打・50盗塁」を達成した。エンゼルスで6年プレーした後、10年7億ドルの大型契約でドジャースに移籍した今年は、過去4年間で3度目のMVP獲得が期待される。

ドジャースのアンドリュー・フリードマン編成本部長は「彼は史上最高とみなされるのに相応しい選手だ」と述べた。

大谷には他の選手にはない「集中力」がある。他の選手にはない恵まれた「才能」がある。他の選手にはない「勇気」がある。

大胆な目標を追い求めるには勇気がいる。7年前に日本を離れてメジャーリーグに移籍した際、大谷は世界一の選手になると言った。「彼は史上最も偉大な野球選手を目指している」ドジャースの共同オーナー、トッド・ボーリーは言う。

大谷のように世界一の選手になるという目標を掲げれば、失敗する確率は限りなく高まる。世界一になれる選手は、世界に1人しかいないからだ。だからどれだけ才能がある選手でも、そんな果てしない夢を持つ覚悟は抱きにくい。才能に溢れていても、プライドが高く、ちょっとした挫折で心が傷つきやすい選手ならなおさらだ。

この4年間、大谷は成功を収めてきた。だが、幾度もの挫折も味わってきた。

エンゼルスに移籍して3年目までは、自身が思い描く理想のプレーはできなかった。肘に2度のトミー・ジョン手術を受け、プレーオフへの出場も叶わないままエンゼルスを去った。

それでも夢は諦めなかった。

大谷がいかにスケールの大きな目標を掲げているかは、花巻東高校3年のときに書いた、人生設計ノートを見れば明らかだ。

「175キロを投げられるようになる」「ノーヒットノーランを数回達成」「WBCの2度出場とMVP」「サイ・ヤング賞獲得」などの目標が挙げられている。

今のところ、この中で達成したのはWBCのMVPだけだ。だが大事なのはそこではない。大事なのは、途方もない目標を掲げ、それを追い求めることを恐れなかった点にある。

大谷が、肩を亜脱臼していてもプレーし続けようとするのも十分納得できる。

「怪我をした後も、自分の中ではプレーする準備をしたいと思っていました」と大谷は振

**左ページ：**スライディングはポストシーズン中の大谷翔平にとって得意技とはいかなかったようだ。ワールドシリーズ第1戦、写真の三塁スライディングはうまく決まった。だが第2戦で二塁に滑り込んだ際に肩を亜脱臼し、以後の試合の打撃に影響が出た。
WALLY SKALIJ / ロサンゼルス・タイムズ

り返る。
「何よりも、必要だと言ってもらえた。プレーしてほしいと言ってもらえたことが光栄だと思っているので、そこに感謝しています」
ワールドシリーズ第3戦以降の3試合は11打数1安打。ポストシーズン16試合の成績は打率2割3分、本塁打3、打点10、得点14、三振は22だった。
「ショウヘイは片腕でプレーしていた」とデーブ・ロバーツ監督は明かした。「普通の選手ならあきらめるだろう。だが彼はプレーすること、スタメンに入ることを強く望んでいた」
そのご褒美が、今季4度目のシャンパンファイトでの祝福だ。ロッカールームで仲間とビールをかけ合い、類まれな才能に恵まれた人間だからこそ背負っている重荷を、つかの間だけ降ろした。大谷はいたずらっぽい表情を浮かべ、記者に囲まれたフリードマン編成本部長にそっと近づき、顔にシャンパンを浴びせた。
そしてこう呼びかけた。「あと9回！　あと9回！」
それはおそらく、冗談ではなかった。

**上：**ロッカールームで仲間と勝利を祝い、ずぶ濡れになる。それがビールなのかシャンパンなのかはどちらでもいい。重要なのはドジャースがヤンキースを４勝１敗で下し、大谷が世界一の野球選手の称号を手にしたという結果だ。
ROBERT GAUTHIER / ロサンゼルス・タイムズ

**左：**ドジャースのロッカールームがビールとシャンパン、歓喜に満たされる。ワールドシリーズ第５戦、ヤンキースに勝利後のヤンキー・スタジアムで、興奮の輪に加わる大谷翔平。
ROBERT GAUTHIER / ロサンゼルス・タイムズ

WORLD SERIES
Capital One
YANKEESBEISBOL.COM
BETTS
50
MUNCY
13
25

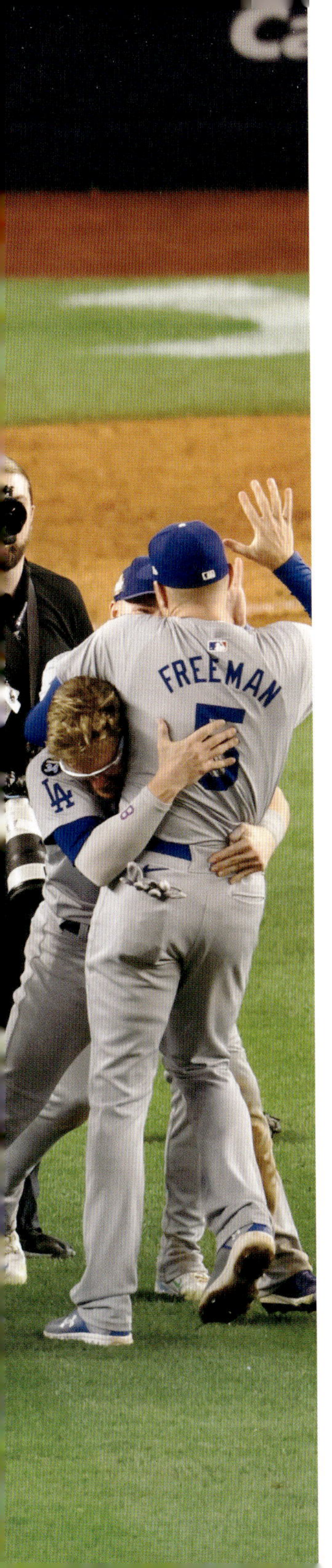

**上：**父親に肩車され、ドジャースの優勝パレードを見物する小さなファン。どれほどわくわくしていることだろう。大谷の愛犬デコピンも２階建てバスに同乗して楽しんでいるに違いない。車に乗るのが好きじゃない犬なんていないはずだ。
ALLEN J. SCHABEN / ロサンゼルス・タイムズ

**左：**ワールドシリーズで勝利し、喜ぶ大谷翔平。左肩への負担を和らげるためか、試合後もユニフォームをつかんでいる。
WALLY SKALIJ / ロサンゼルス・タイムズ

ドジャー・スタジアムでの祝賀イベントでマイクを握る大谷翔平。素晴らしい締めくくりで、良いこともそうでないこともあったシーズン（ただし、「良いこと」のほうが圧倒的に多かったが）を終えた。
WALLY SKALIJ / ロサンゼルス・タイムズ

## Los Angeles Times

アメリカ最大規模の日刊紙。1881年創刊。
142年以上にわたって地元南カリフォルニア地域を中心に取材を行い、政治や社会、文化、スポーツなどの記事を精力的に報道。優れたジャーナリズムに対して贈られるアメリカで最も権威のある「ピューリッツァー賞」を何度も受賞している。
ウェブサイト(latimes.com)のユニーク訪問者数月間4000万人以上、日曜版の読者数160万人、紙版・電子版の週間読者数合計440万人を誇る。
大谷翔平の取材にはロサンゼルス・エンゼルスへの移籍前から熱心に取り組み、2024年のロサンゼルス・ドジャースでの大活躍に至るまで、地元紙ならではの肉薄した視点で精緻に報道し続けてきた。
本書は同紙の長年にわたる大谷ウォッチングの成果を、数々の秘蔵写真を含む印象的な写真と読み応えたっぷりの記事で結実させた、集大成となる1冊。



OHTANI'S JOURNEY
大谷翔平 世界一への全軌跡

2024年12月20日 初版印刷
2024年12月25日 初版発行

編 者 Los Angeles Times
訳 者 児島修
発行人 黒川精一
発行所 株式会社サンマーク出版
〒169-0074 東京都新宿区北新宿 2-21-1
電 話 03(5348)7800
印 刷 共同印刷株式会社
製 本 株式会社若林製本工場

定価はカバー、帯に表示してあります。
落丁、乱丁本はお取り替えいたします。
ISBN978-4-7631-4200-9 C0075
ホームページ https://www.sunmark.co.jp